강물은 자신을 밟고 길을 낸다

민병도 수필집

목언예원

민병도 수필집

강물은 자신을 밟고 길을 낸다

지은이 · 민병도
펴낸이 · 민병도
펴낸곳 · 목언예원

초판 인쇄 : 2021년 5월 10일
초판 발행 : 2021년 5월 15일

목언예원
출판등록 : 2003년 2월 28일 제8호
경북 청도군 금천면 선바위길 53 (신지2리 390-2)
전화 : 054-371-3544 (팩스겸용)
E-mail : mbdo@daum.net

ISBN 978-89-94733-99-9 03810

값 15,000원

강물은 자신을 밟고 길을 낸다

- 인간의 조건
- 윗물이 흐려도 아랫물은 맑아야
- 솔향기 넘치는 큰 산의 마음
- 잃어버린 나를 찾아서
- 강물을 읽다
- 해인삼매

민병도 수필집

목언예원

자연으로 삶의 터전을 옮긴 지 20년이 넘었다.

장자가 말한 '소요유'의 삶을 겨냥한 것은 아니지만 이 시간이면 노자의 '도법자연'의 발치에는 도달할 줄 알았다. 하지만 나는 아직도 비가 오면 우산부터 챙기고 해가 지면 전등부터 밝힌다. 비를 맞을 준비가 부족하고 어둠에 안겨 별을 헤아릴 생각을 하지 못한다. 여전히 꽃이 지고 나서야 꽃을 그리워하고 세상을 부정하고 비판하는 자신에게 눈 감는다.

내가 변하지 않고 자연이 나를 변하게 해줄 것으로 믿어왔기 때문이다. 아니, 보다 적극적으로 실천해 오지 않은 까닭이다. 새로운 시간과의 조우를 위해 이쯤에서 나의 지나간 날은 놓아야만 한다.

— 지은이의 말

시조와 그림으로 풀어내지 못한 시간을 되짚어 보았다.

1부의 작품들은 미발표작이지만 2부와 3부는 여러 지면의 기획에 맞춘 수필과 산문들이어서 분량이 들쭉날쭉하다. 4부는 나의 삶에 지대한 영향을 주신 다섯 분의 스승에 관한 이야기이고 5부와 6부는 연재 칼럼이다.

봄맞이 대청소를 하듯이 한데 다 묶고 보니 수필로도, 산문으로도 정제되지 못하고 잡다하기만 하다. 독자들의 이해를 바랄 뿐이다.

2021년 5월에

민병도

CONTENTS

강물은 자신을 밟고 길을 낸다

— 민병도 수필집

CONTENTS

강물은 자신을 밟고 길을 낸다

— 민병도 수필집

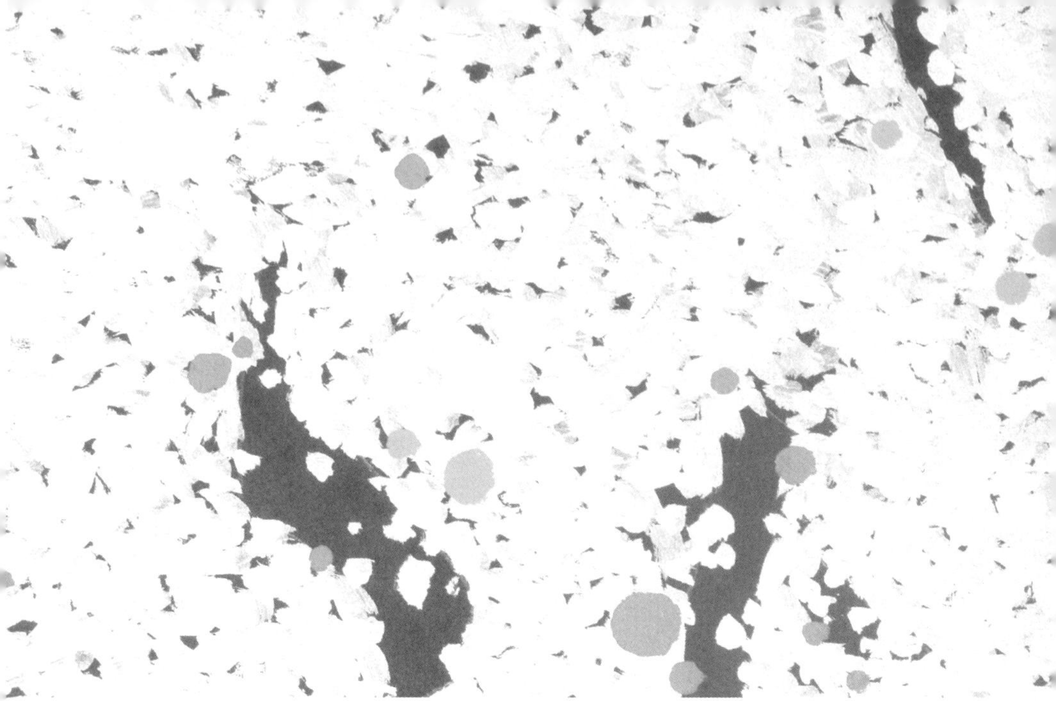

해인삼매海印三昧

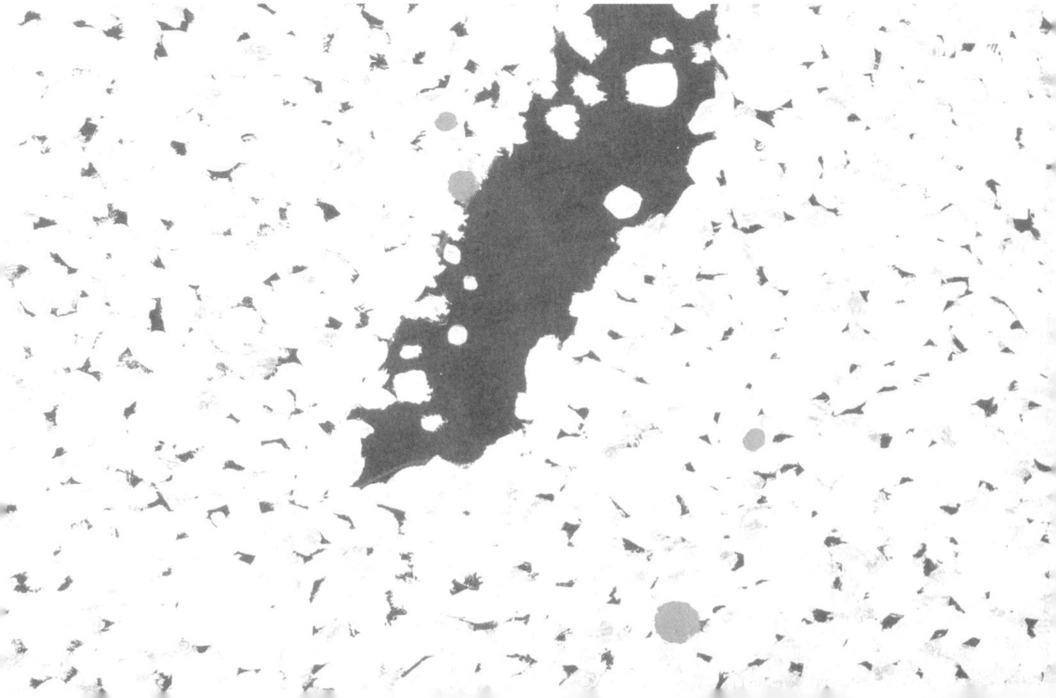

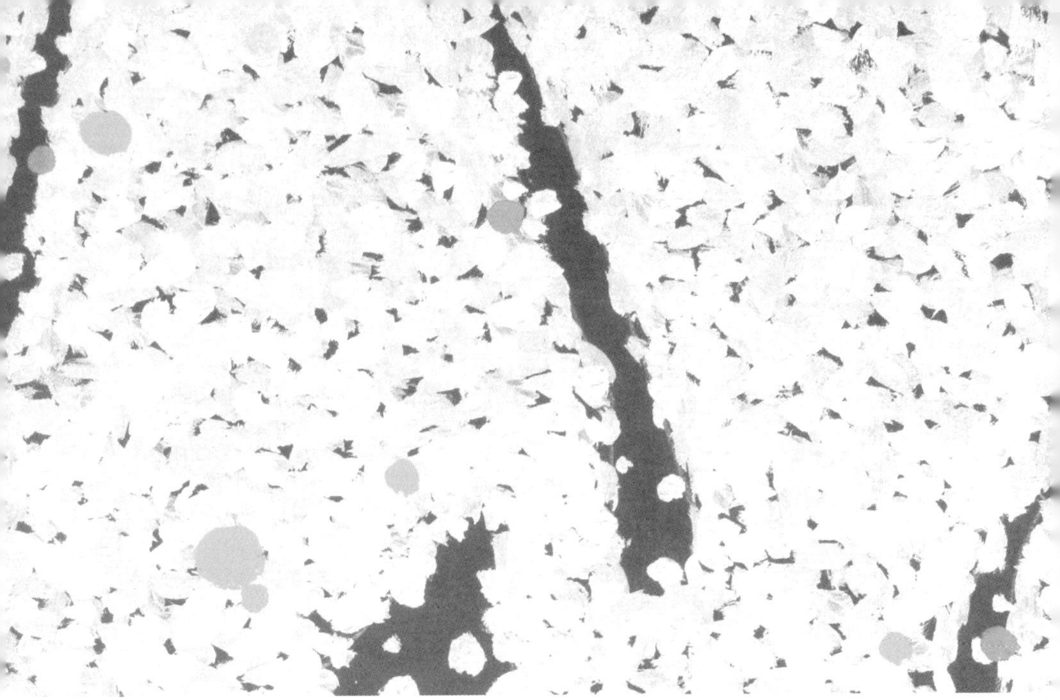

01

새벽 물소리, 설법 — 걸어가는 사람 — 눈 밝은 저울 — 가보고 싶었던 곳 — 빈 손 — 신라인의 미소 — 지렁이 이야기 — 해인삼매海印三昧 — 가을에는 — 목언예원 이야기

새벽 물소리, 설법

새벽 강가에 나와 물소리를 듣는다. 나지막한 소리로 흐르는 물소리를 듣고 있으면 마치 내가 물소리의 영접으로 안으로 이끌려 들어가는 느낌을 받게 된다. 어떤 의도나 목적 없이 흐르는 높낮이에 의해서 생기는 부딪힘치고는 그 소리의 매력이 너무 크고 압도적이다. 그 어떤 유능한 연주가가 심혈을 기울인 연주의 감동 못지않다.

가까이 귀 기울이면 연인의 속삭이는 말소리도 같다가 약간 떨어져 눈 지그시 감고 들으면 마치 바흐의 무반주 첼로 모음곡 연주를 듣는 듯하다. 마음이 외로울 때 들으면 어머니의 자장가 같기도 하고 고독이 사무칠 때는 먼 산사에서 들려오는 천수경 독경 소리 같기도 하다. 세상살이의 피로를 짊어지고 저무는 노을 앞에서 들으면 마치 함께 흐느껴주는 친구의 울음소리와도 같게 들린다.

색깔도 없고 모양도 없이 다만 자신을 밟고 넘어뜨리며 아래로만 흐를 뿐인 강물이 어떻게 사람들의 마음을 흔드는 저런 소리를 낼 수 있을까. 아무런 자기방어 수단을 가지지 않은 채 밀고 또 밀리면서도 낭떠러지 앞에서 찰나의 주저도 없이 떨어지는 용기는 또 어디서 나오는가. 물 알과 물 알이 부딪쳐 만들어내는 물소리를 듣고 있노라면 잠을 이루지 못하고 강가로 나온 나의 근심은 또 얼마나 하찮고 부질없는가. 지줄지줄 들려주는 물소리는 마치 내가 물어올 것을 알았다는 듯이 '흐르고 흐르고 또 흘러라'라며 내 어깨를 토닥거려 준다.

물소리에 익숙해지는 순간 오래전에 읽었던 노자의 『도덕경』의 한 구절이 생각이 났다.

〈인법지, 지법천, 천법도, 도법자연 人法地 地法天 天法道 道法自然.〉

'사람은 땅을 본받고 땅은 하늘을 본받으며 하늘은 도를 본받고 도는 자연을 본받는다'라는 의미를 담고 있으니 결국 '사람은 자연을 본받는다'라는 의미와 다름없다. 지금으로부터 2,600년 전에 살다간 성인의 말씀이라고 생각하면 소름이 끼칠 정도로 섬뜩한 지혜라 한결 더 작아지는 자신을 느끼게 된다. 내가 지닌 왠지 모를 마음의 불편은 자연의 질서나 이치를 따르지 않은 탓이다. 나를 자연과 일치시키지 못한 까닭이다.

장자의 『내 편』 〈소요유〉에 나오는 '무기無己, 무공無功, 무명無名'의 실천덕목은 또 어떤가. 진정한 자유의 경지, 즉 절대적 자유를 말하는 '소요유逍遙遊'에 이르기 위해서는 3무, 즉 아집을 버리고無己, 업적이나 성공에 대한 욕심을 버리고無功, 명예에 대한 욕심을 버려야無名 한다고 하지 않았던가. 그렇다. 장자의 말씀처럼 '지식과 욕망의 질곡에서 벗어나는 일'이야말로 소요유, 즉 '진정한 자유인'이라 할 수 있을 것이다.

하지만 자연의 섭리를 배우고 자기를 버리고 욕망에서 벗어나며 자신의 이름에 얽히지 않은 사람이 과연 얼마나 될까. 설사 그것이 삶의 이상이라 할지라도 사회적 구성원들과의 경쟁에서 실천행을 이룬 사람이 정녕 있기나 할까. 과연 우리가 성자로 일컫는 사람들은 소요유를 행하며 살아왔을까. 잠시 그런 생각에 잠기다가 나는 결코 이르지 못할 경지라는 것을 자인하지 않을 수 없었다. 그냥 놓아버리면 될 것을, 다른 사람들의 실천까지를 의심하고 자기 보신에 휘둘리고 있으니 말이다.

그사이 일찍 잠을 깬 물오리 두 마리가 나타나 강물의 중심으로 헤엄쳐 가고 있었다. 한 마리가 앞장을 서고 나머지는 뒤를 따라가며 내 흐린 시선을 끌고 상류로 나간다. 고요하던 강물 위로 물오리의 물갈퀴가 긋고 지나간 물이랑도 함께 따라가고 있었다. 나는 순간 새벽 물소리에서 무위無爲의 앞모습을 보았고 강을 거슬러 오르는 물오리의 헤엄에서 유위有爲의 뒷모습을 보았다.

그래, 무위는 자연의 절대적 모습이다. 아무리 다가가도 결코 완전히 하나가 될 수 없는 이상적 가치이다. 그것은 실체적 간증이 아니라 이상적 논리와 다름없다. 어쩌면 사람으로서는 접근 자체가 불가능한 이상주의자들이 설정해둔 경계이거나 서책용 문자조합에 불과할지도 모른다. 그러면서도 감히 아무도 정면으로 부정하지 못하고 거부할 수 없는 강력한 힘을 지닌다.

자리를 옮겨 징검다리의 중간쯤에 앉아도 밑도 끝도 없는 물소리는 내 번잡한 생각을 구석구석 파고들었다. 엊그제 느닷없이 찾아와 자신이 내가 관여하는 문학상을 받을 때가 되었다고 친절하게 통보해주던 장면과 겹쳐지면서 마음이 너무 무거웠다. 어쩌면 글을 쓰면서 마음을 다스리는 형이상학의 길을 간다는 이의 욕심이 그리도 천박하단 말인가. 옛 성인들께서 왜 그토록 오래 무욕을 권유하였고 무아를 주장하였고 무소유를 실천하려 노력하였던가. 수수 천년이 흘러 문명이 눈부시게 발달한 지금에 와서도 더욱더 강력한 물음으로 머리를 짓누르는 까닭은 무엇일까.

문득 연전에 읽었던 장 자크 루소의 『인간 불평등 기원론』의 몇 구절이 겹쳤다. 1755년 출간한 책이면서도 근년에 새롭게 번역되어 우리에게 전달된 "문명이 분별과 이기심을 길렀고 문명이 법을 만들었고 문명이 불평등을 조장하였다"라는 메시지와 경고가 노자나 장자가 말한 '도법자연'과 '소요유'에 닿아있었기 때문이다. 루소의 〈자연법〉에서 말하는 '사회가 구성되기 이전'의 자연 상태는 비교적 노장사상을 닮아 있다. 다만 '자연인'에 대한 그의 진단에는 자유롭지만, 본능적이고 탐욕스럽다고 하는 생명체 특유의 우려가 깔려 있다는 점에서 구별이 된다.

따라서 자연법에 따른 오랜 체험은 결국 배타심을 앞세우기 마련이고 사회를 구성하지만 또 다른 갈등을 불러오게 된다는 것이다. 그렇게 일으킨 문명은 발달하면 할수록 불평등의 원인이 되었다. 말하자면 내가 아닌 다른 사람을 향한 사회적 배려나 공익은 포장된 위선일 뿐이다. 인간이 자기 보존을 위한 욕구와 고통을 혐오하는 생리적 욕구를 숨기게 되면 이기심에 노출되기 마련이다. 따라서 노장사상에서 말하는 '소요유'의 사회적 실천은 자연이 인간에게 부여한 동정심을 바탕으로 한 새로운 문명에 길드는 일뿐이다. 그것이 장 자크 루소가 권하는 현실적 선택이 아니던가.

먼동이 트고 새소리와 어우러지면서 물소리는 자신의 비중을 줄여나간다. 자세히 귀 기울이면 방금 들었던 소리가 아닌듯하다. 분명 새로운 시간에 듣는 새로운 소리임에도 나는 전혀 새로운 소리였다는 것을 인정하지 못했다. 그렇다. 세상에 존재하는 모든 물상 가운데 같은 것이 어디 있으랴.

순간 나 또한 어제의 내가 아님을 생각하며 자리를 털고 일어섰다.

생각이 정연하지 못한 사람의 일탈적인 욕구의 한 모습에서 사회의 구조 자체를 부정으로 볼 건 또 무언가. 하마 수수만 번 거듭하였을 새벽 물소리의 자유로운 설법을 뒤로하고 돌아서는 발걸음이 조금은 가벼웠다.

걸어가는 사람

밋밋한 일상에서 마음에 와닿는 작품을 만나는 일은 행운이다. 눈으로 만나는 그림이든지 귀로 듣는 음악이던지, 아니면 눈과 정신이 함께 읽는 문학작품이든지 어느 장르이든지 마찬가지다. 그것이 기분의 전환이든 작은 위안이었든 공감을 부추겨준다면 더할 나위가 없다. 가라앉은 마음자리를 움직이는 작은 실마리가 되어 바람이 불듯 생각이 일어나고 그 생각이 길을 내고 마침내 그 길을 떨쳐나서게 된다면 얼마나 흡족한 일이겠는가.

그런 행운이라고만 표현하기에는 너무나 큰 축복이 내게도 있었다. 마침 서울 갈 일이 생겼는데 꿈에도 그리던 전시회가 있다는 것이다. 모 신문사 창간 30년 기념으로 알베르토 자코메티 한국특별전을 연다는 소식이다. 그 소식을 듣고 전시회에 가기까지의 보름은 정말 설레는 시간이었다. 자코메티가 어떤 조각가던가. 프랑스의 오귀스트 로뎅 이후 20세기 최고의 조각가로 평가받을 뿐만 아니라 조각에 철학과 사상을 접목한 그야말로 구도자적 예술가로 정평이 나 있지 않던가.

나는 더욱더 실감과 감동을 위하여 그에 대한 사전지식을 보충하려고 몇몇 자료들을 찾아보았다. 알베르토 자코메티, 스위스 출생으로 1901년에 나서 1966년 작고한 조각가이자 화가다. 일찍이 프랑스로 건너가 세계적인 조각가 부르델의 아틀리에에 입문하여 공부한 이래 초현실주의 조각 운동에 동참하였다. 그의 어린 시절은 불행의 연속이었다. 고환 병을 앓아 고자가 되었고 20살에는 여행 중 동반자의 죽음을 곁에서 지켜보면서 심리적인 충격으로 허무주의에 빠지기도 하였다. 그런데도 굴하지 않고 자신만의 철학이 담긴 독특한 작품으로 세계 조각사에 가장 고가의 작품을 남긴 조각가로 자리매김하고 있다.

이런 정도만으로도 충분히 기대되는 작가요 작품전이 아니겠는가. 그런데 그것도 우리나라에서 볼 수 있다면 일생의 몇 안 되는 행운임에 틀림이 없을 것이다. 나는 다른 일정을 고려하여 최소한 열 시간쯤은 그의 작품들과 함께할 요량으로 계획을 세우고 일찌감치 전시장으로 향했다. 우연하게도 열차 안에서 인터넷을 뒤지는 데 마침 〈자코메티 특별전〉에 관련된 기사가 눈을 사로잡았다. 그중에 특히 '이번 한국 초대전에 전시된 120여 점의 평가액이 무려 2조 천억 원에 이른다'라는 설명이 눈을 의심케 하였다. 게다가 가장 대표적인 작품인 「걸어가는 사람walking man」은 3,800억 원을 호가한다고 하니 놀라움은 약간의 공포감을 불러일으킬 만하였다.

평일인데도 불구하고 예술의 전당은 이미 관람객으로 북적거렸다. '야, 이제 꿈이 이루어지는구나!' 싶은 가슴 두근거림으로 전시장 안으로 들어갔다. 처음에는 호기심 어린 관람객들 사이를 비집고 다니면서 가까이 다가서기도 하고 멀리서 응시하기도 하면서 행운과 호사를 즐겼는지 모른다. 전시장 구조상 되돌아갈 수 없는 구조여서 순서를 역행하면서 세심하게 관찰하다 보니 드디어 자코메티가 보이고 자코메티라는 한 위대한 조각가의 일생이 다가왔다. 거기에는 평생토록 7평의 작은 작업실에서 한 사람의 수도자처럼 작품에만 몰두한 집념이 서려 있었고 캐롤린, 자크 뒤팽, 디에고, 로타르 등 그의 소중한 모델들과 슬프면서도 치열한 삶의 애잔함이 함께 묻어 있었다. 요소요소에 비치된 사진과 그림들이 사전지식이나 작품이 못다 풀어낸 삶의 이야기를 아프게 묘사하고 있었기 때문이다.

자코메티는 어린 시절 겪은 신체적 결손의 염려와는 달리 여러 연인과의 애증을 경험하게 된다. 정말로 사랑하였으나 젊은 음악가에게로 가버린 이사벨과의 이별, 피난을 가서 만난 22살이나 어린 평생의 반려자 아네트, 사창가에서 만나 헌신적으로 사랑한 캐롤린 등 일반의 이해가 어려운 여성 편력을 보여주고 있다. 특히 아내의 헌신적인 사랑에도 불구하고 38살이나 어린 거리의 여자 캐롤린의 손을 잡고 "내 작품에 생명을 불어넣을 수 있게 한 소녀"라고 아내를 설득했다는 이야기도 낯설기는 마찬가지다. 위대한 예술가가 아니라면 한 사람의 가장으로서는 한마디로 나쁜 남자였던 모양이었다.

그리고 마지막 전시장, '침묵과 묵상의 방'에 들어섰을 때의 시각적 충격은 엄숙이니 장엄이니 하는 수식으로는 설명할 수가 없었다. 183cm나 되는 크기의 원판 석고 본 그대로의 규모도 규모지만 전시장 한가운데 이 작품 한 점만을 배치하고 관람객들이 둘러서서 감상하게 한 배치 또한 놀라웠다. 제작연대가 1960년인데 과연 그 당시의 어떤 시대 상황을 담아내려고 한 의도였을까. 대체 어디로 걸어간다는 말인가.

「걸어가는 사람」은 결코 우연하거나 순간적인 동기로 만들어진 작품이 아니었다. 그가 누구던가. 세계적인 비극으로 기록된 1, 2차 세계대전을 모두 경험한 세대가 아니던가. 당연히 사람이 사람을 죽이는 시대적 불안과 고독으로 점철된 인간들의 나약한 모습들, 불행하게도 그는 그런 모습들을 너무나 많이 보아버린 것이다. 그의 눈에 각인된 모습은 작은 머리와 커다란 발, 그리고 뼈대만 남은 몸뚱이였다. 하지만 힘겹고 궁핍한 시대라 할지라도 어찌 주저앉아 버티는 것만이 능사이겠는가. 두렵더라도 다가오는 내일을 믿어야 하지 않겠는가. 무거운 발을 옮기며 떠오르는 태양을 향해 무심히 걸어 나가는 수밖에 없지 않겠는가. 이 대목에서 프랑스의 작가 장 쥬네가 말한 "자코메티의 예술은 모든 존재와 사물의 상처를 찾아내어 그 상처로 하여금 그들을 비추게 한다"고 한 까닭을 조금은 이해할 수 있을 것 같다.

걸어간다는 것은 삶의 원초적인 욕구라 하겠다. 걸어간다는 것은 삶의 보편적인 의지라 할 것이다. 그리고 걸어간다는 것은 삶의 적극적인 실천이라 할 것이다.

진정한 예술가는 왜 겉으로 보이는 모습의 표현에도 생각을 담아야 하고 사상을 심어야 하는지 일깨워준 이 큰 행운이야말로 아마도 평생 지워지지 않을 것만 같다.

눈 밝은 저울

때로는 나무가 부러울 때가 있다. 얼른 보아도 소나무인지 느티나무인지 구분이 쉽기 때문이다. 때로는 들풀이었으면 싶을 때가 있다. 아무렇게나 손을 뻗어도 서로 손을 잡을 수 있기 때문이다. 때로는 산이었으면 싶을 때가 있다. 힘겹게 찾아 나서지 않아도 언제나 제 모습 그대로 그 자리에 서 있기 때문이다.

이처럼 나무는 겉보기에도 서로 달라서 처음부터 관상수가 될 것인지 유실수가 될 것인지 쉽게 구분이 된다. 감이 필요하면 감나무를 심으면 되고 유자가 필요하면 유자나무를 심으면 된다. 같은 과수 가운데도 호두나무나 은행나무처럼 심은 지 오래되어야 열매를 맺는 것도 있고 매실이나 복숭아처럼 몇 년 내 열매를 맺는 것도 있다. 필요에 따라 나무를 선택하여 심고 나무의 특징에 걸맞은 방법으로 가꾸어 열매를 얻는다. 아무리 성미 급한 농부라도 일찍 열매 맺지 못하는 나무를 나무라거나 닦달을 하지는 않는다. 산 또한 설악산인지 월출산인지 외양만으로도 구분이 확연하다.

그런데 사람에게는 어떤 모양으로 자랄 것인지, 혹은 어떤 열매를 맺을 것인지 겉으로 드러난 모습만 보고는 쉽게 구별해내지 못한다. 외형으로만 봐서는 나무처럼 뚜렷한 분별이 없기 때문이다. 같은 학교에 다니고 같은 책으로 함께 공부하지만, 사과와 감의 차이와는 비교도 안 될 만큼 그 결실은 서로 다른 것이다.

나무와 마찬가지로 사람에게도 좀 더 빨리 성장하는 사람이 있고 비교적 느리게 제자리를 찾아가는 경우가 있다. 어떤 아이는 일곱 살에 구구단을 외우고 어떤 어이는 아홉 살에도 쉽게 구구단을 외우지 못한다. 또 어떤 아이는 일곱 살에 그린 그림을 어떤 아이는 열 살에 그린다. 그렇다고 누구에게는 매실이 열리고 누구에게는 돌배가 열리지는 않는다. 비록 그렇게 구별 지웠다 하더라도 어른이 되고 보면 그 분별만으로 능력을 평가하는 일이 무의미하다는 것을 확인할 때가 많다.

그런데도 우리네 삶의 현장에서는 어린 날 계측 불가의 잣대로 일생의 우열이 가려지고 길고 긴 인생에서 만회할 기회를 빼앗기는 경우가 허다하다. 좋은 체중계는 몸무게는 정확히 측량할 수 있어도 사람의 키 높이를 재지는 못한다. 아무리 정교한 각도기를 가졌어도 사람의 잠재력을 미리 잴 수는 없다. 살아가는 고비마다 지극히 공평하고 온당한 저울을 만나는 것만큼 중요한 일이 또 있으랴.

사람을 재는 저울, 거기에서 한 사람의 운명이 좌우하는 선연善緣과 악연惡緣이 나눠질 수가 있다. 백련의 씨앗을 해바라기라고 우겨 마른 땅에 심으면 자라다가 죽게 될 것이고 밭에 자라는 해바라기를 물속에 심으면 싹이 나보지도 못하고 썩고 만다. 백련의 씨앗과 해바라기 씨앗은 모양새가 다르니 누가 혼돈하랴마는 사람을 재는 저울은 여간 세심하고 슬기롭지 않으면 분별이 어렵다. 세상살이를 하다 보면 사람을 재는 그 눈 밝은 저울을 만나 제대로 자신의 삶을 빛나게 밝혀간 경우가 적잖다.

자격루 발명, 갑인자 개량, 측우기 발명 등으로 우리나라 역사상 가장 뛰어난 과학자로 꼽히는 장영실의 경우가 그 대표적이다. 장영실은 원나라 귀화인인 아버지와 관기였던 어머니와의 사이에서 태어났으므로 세습된 신분이 동래현의 노비였다. 요즘으로 보자면 다문화 가정이었던 그는 그러나 어릴 때부터 손재주가 남달랐던 모양이다. 관리자들의 눈에 띄어 농기계나 생활 도구 같은 기구들의 수리를 맡아 하다가 그런 일들이 밖으로 알려져 궁중에까지 불려가 기술자가 되었다.

그러던 어느 날 그는 새로 왕위에 오른 세종의 눈에 띄게 되면서 전혀 다른 세상과 만나게 된다. 신분상의 한계에 봉착하여 괴로워하던 그는 중국으로 건너가 각종 천문기구를 보고 배우게 되었는데 그는 거기서 다시 한번 새롭게 눈을 뜬다. 돌아와 그는 일약 종 5품의 상의원 별좌의 벼슬을 하사받아 관노의 신분을 벗고 궁정 기술자가 되었다.

물론 관기의 아들을 상의원에 임용할 수 없다는 관리들의 강한 반발에 부닥쳤다. 그런데도 무급이라는 조건으로나마 그를 그 자리에 앉힌 이가 바로 세종대왕이었다. 조선 역사상 가장 빼어난 발명품 가운데 하나인 자격루 제작에 성공하자 정4품 벼슬인 호군에 임명하였을 때도 역시 극렬한 반대가 있었지만, 세종은 뜻을 굽히지 않았다. 엄격하던 신분 사회를 이끌어야 하는 임금으로서 특혜라는 비난과 맞서면서 한 노비를 살리고자 한 까닭은 무엇이었을까. 의당 당시 혼탁하던 정국을 일신시키고 백성의 내일을 염려하던 세종의 성군다운 품성에서 비롯되었을 것이다. 그러나 그보다 더 중요한 것은 사람의 됨됨이와 그에게 잠재된 무한한 능력을 읽어낼 줄 아는 세종대왕의 안목이 있었기 때문이다. 상대적으로 장영실의 처지에서 보면 눈 밝은 저울을 만난 만고의 행운아였던 까닭이다.

텔레비전에서 〈과학의 날〉을 변경하기 위한 학술대회가 열리고 있다는 뉴스가 흘러나온다. 법정 기념일이라고는 하지만 〈과학의 날〉이 있었는가 싶을 정도로 체감하지 못한 게 실증인데 또 지정 일자를 바꾸자는 까닭은 무엇인가. 장영실이 측우기를 처음으로 사용한 날인 5

월 19일은 〈발명의 날〉이니 장영실이 만든 자격루를 세종대왕이 국가 표준시계로 반포한 날인 8월 5일을 〈과학의 날〉로 해야 제정의의를 살릴 수 있겠다는 내용이다.

일리가 있는 주장이지만 왠지 마음 한쪽이 씁쓸하다. 그때가 언젠가. 1434년이었으니 6백 년이 가깝도록 그 같은 과학의 성과를 확보하지 못하고 있다니 말이다. 아뿔싸, 6백 년 동안 노비 한 사람을 능가할 과학자가 없었다는 말인가. 아니면 눈 밝은 저울이 없어서 찾아내지 못했다는 말인가. 오죽하면 저런 발상이 나왔을까. 딴은 충분히 이해가 가기도 한다.

〈과학의 날〉을 바꾸면 노벨상 하나쯤 받을 수 있을지 모르겠다.

가보고 싶었던 곳

40여 년을 산수화 그리기에 매달렸던 까닭에 이름깨나 있는 산이라면 이 산 저 산 많이도 헤매고 다녔던 것 같다. 설악산 공룡능선이며 지리산 뱀사골, 한라산 백록담은 말할 것도 없고 백두산 천지며 중국의 황산과 옥룡설산에 이르기까지 크고 작은 화폭에 담았었기 때문이다. 그뿐만이 아니다. 대둔산, 월출산, 운주사, 울릉도, 매물도, 홍도, 제주도 성산포와 산방산, 강릉의 소금강, 주왕산과 절골 등이 오랜 시간 내 그림의 단골 주제였었다. 그 밖에도 지필묵의 본향인 중국의 둔황 벽화와 월아천, 대동의 운강석굴과 현공사, 양주의 수서호, 수향 동리, 자금성, 만리장성, 항주의 서호, 소주의 한산사, 계림의 이강, 타이완의 아리산, 홍콩의 구룡반도, 일본의 후지산이며 송도에서 만난 풍광들도 저마다의 기품으로 차별을 보여주었다. 어느 곳 하나 닮은 데가 없이 특색이 분명할 뿐만 아니라 만나는 계절 따라 다른 모습이었으니 언제나 새로운 신천지만 같이 느껴졌다.

누가 "왜 산엘 가느냐?"라는 물음에 "산이 거기 있으니까 내가 간다"라고 대답하였다던가. 나 역시 갖가지 특징을 지니고 계절을 연출하는 산을 그리기 위하여 부단히도 돌아다녔다. 가보지 않고 상상력에 의해서만 화면구성을 하다 보면 자꾸만 비슷해지는 자기 표절을 제어하기가 어려워 현장실사에 치중하였다.

처음에는 산의 골격도 찾아내기가 어려웠으나 차츰차츰 산의 색깔이 보였고 또 그 다음엔 산의 기운이 느껴졌다. 여러 번 올랐던 산을 다시 갈 때는 그 산이 풍기는 품성을 느낄 수도 있었다. 거친 산에는 거친 물소리가 들렸고 고운 산에서는 새소리마저 고왔다. 그렇게 천 년, 만년, 수수 억 년 저마다 제 이름에 걸맞은 격조를 갖추었고 나는 다만 그때그때 스스로 한없이 낮아지는 자신을 추슬러야만 했다.

아무리 그렇더라도 가보고 싶었던 곳이라고 모두 다 가볼 수는 없는 일이다. 어느 때부터 사람들은 그 멀고 험난한 산엘 가는 대신 산을 불러들이기 시작하였다. 눈에는 보이지 않고 마음으로만 볼 수 있는 무릉도원이며 별유천지의 이상향을 탄생시키게 된다.

조선 초기의 화가 안견이 그린 「몽유도원도」도 바로 그 마음으로 불러들인 무릉계 가운데 하나이다. 1447년 4월 20일 세종대왕의 셋째 아들 안평대군은 꿈속에서 박팽년과 함께 복사꽃이 활짝 핀 별천지를 거닐다가 잠을 깼었다. 잠에서 깨어난 안평대군은 꿈이었다는 것을 알면서도 그 선경을 잊을 수가 없어 총애하던 도화서 최고의 화원 안견을 불렀다.

그는 꿈에서 본 경치를 하나하나 설명해주고는 그림으로 그리도록 부탁하였다. 안견은 3일 만에 106.5×38.7 Cm 크기의 비단에다 꿈보다 더욱더 꿈같은 사실적인 그림을 완성하여 안평대군에게 바쳤다. 이렇게 해서 탄생한 작품이 바로 조선을 대표하는 그림 중의 하나인 「몽유도원도」이다. 안평대군은 이 잊지 못할 꿈을 그린 그림을 애지중지하여 몇 년에 걸쳐 직접 시를 써서 올리기도 하고 신숙주, 이개, 정인지, 성삼문, 박팽년, 서거정 등 당대 최고의 문사들의 찬문을 받아 이 그림의 가치를 더욱 높였다.

비록 지금은 이 작품이 고국의 품을 떠나 남의 나라 일본의 천리대에 소장되어 아쉬움을 더해주고 있지만 우리는 남의 것이라고 인정한 적이 없다. 거대한 보험료를 지급해가면서 잠깐 빌려와 감상한 적도 있지만, 단순히 작품의 품격과 값에만 집착하는 것은 아닐 것이다. 거기에는 안평대군이 그랬던 것처럼 우리가 가보지 못한 곳에 대한 그리움이 고스란히 보존되어 있기 때문이 아닌가 생각된다.

이처럼 '가보고 싶었던 곳'에 대한 아쉬움과 미련은 아마도 갈 수 없는 현실에 대해 안타까움이 곁들어져 그 몸집이 불어난 경우이리라. 가까이 있는 뒷동산처럼 현실적으로 쉽게 갈 수 있는 곳이라면 마음을 현장에 두고 오지는 않을 것이기 때문이다.

가보고 싶었다는 것은 생각의 영역이다. 가보지 못한 실제의 현장에 대한 기대심리 때문이다. 물론 그 기대심리를 불러일으킨 동기야 다양하겠지만 그 기대치만큼의 현장이 아닐 수도 있다는 가능성도 함께 지니고 있다. 내가 가서 본 많은 여행지 또한 마찬가지였다. 대부분이 내 눈에 길들여 있지 않은 낯선 모습이거나 다른 모양새였다. 가는 곳마다 내가 상상하지 못한 다양한 장면들이 펼쳐졌지만 생각하지 못하였을 뿐 새로운 것은 아니었다. 그런데도 그 다른 모양새의 다양성을 상상 속으로 안착시키기 위하여 나는 끊임없이 가보고 싶은 곳을 메모지에 빼곡히 챙기곤 한다.

그러다 보면 「몽유도원도」와 같은 이상향을 만날 수 있지 않겠는가. "여행하지 않는 삶은 책을 사서 표지만 읽고 덮어두는 것과 같다"라는 누군가의 말이 기억난다. 새로운 책을 사는 것도 중요하고 읽는 것도 의미가 있을 테지만 그 책의 내용이 겨냥한 메시지를 어떻게 받아들이는가 하는 점이 핵심이다. 이제 남은 것은 가보고 싶었던 곳을 어떻게 생각 속으로 불러들여서 나와 일체화시킬 것인가 하는 숙제이다.

그렇다. 새로운 목적지가 없는 삶은 바다에서 표류하는 배와 다를 바가 없다고 하지 않았던가.

빈 손

사람의 신체 가운데 역할이 없이 장식으로 자리 잡은 것은 하나도 없다. 팔이면 팔, 다리면 다리, 얼굴이면 얼굴, 심장이니 위장이니 하는 장기는 말할 것도 없고 머리카락 하나하나도 각기 맡은 소임이 있다. 생명 보전의 우선순위로 구별한다면 앞뒤가 있겠으나 역할 하나하나를 두고 볼 때는 그 중요도면에서 하나도 밀려나는 순위는 없다.

그 가운데 손의 역할도 만만치가 않다. 밥을 먹는 일로부터 옷을 입는 일, 문을 여닫는 일이며 물건을 옮기는 일에 이르기까지 손을 쓰지 않으면 할 수가 없다. 운전 하며 악수를 나누고 심지어 키스하는 데에도 손의 역할은 매우 중요하다. 사실 그 사람의 운명은 그 사람의 손을 어떻게 사용하는가에 달렸다고 해도 지나친 말이 아니다. 그러기에 옛 사람들은 "그 사람의 손에 모든 길흉화복과 수명까지도 다 들어 있다"라고 말하기도 했었다.

그렇게 소중한 손이지만 모든 사람이 소중한 일에만 사용하지는 않는다. 어떤 사람은 먹을 작물을 재배하는 데 사용하고 어떤 사람은 그 곡식을 먹는 데만 사용한다. 어떤 사람은 그 손에 칼을 들고 나라를 구하고 어떤 사람은 같은 칼을 들고 사람을 죽이는 데 사용한다. 속담처럼 그 손에 길흉화복이 있는 것은 맞지만 어떻게 사용하는가에 따라 그 운명이 달라지기 마련이다.

나는 사람들 앞에 내어놓기가 민망할 정도로 손이 못생겼다. 손가락이 짧은 데다 굵기까지 해서 투박스럽다는 소리를 많이 듣는 편이다. "아니 그렇게 아름다운 그림을 그리는 분의 손 치고는 굉장히 거치네요." 전시장에서 만난 관객들의 하나같은 반응이다. 조금 무안스럽다 싶으면 "뭉툭한 손이 부지런하다던데…."라며 흘깃 주위의 눈치를 살피곤 한다.

남들에게 보이는 손은 대게 아무 일도 하지 않는 빈손일 때가 많다. 그림을 그리거나 글씨를 쓸 때가 아니라 아무 일도 하지 않는 상태의 못난 손으로 어떤 판단과 분별 앞에 무방비로 놓인다. 하지만 나는 한 번도 내 손을 감추지 않았다. 오히려 오랫동안 붓을 잡아 생긴 굳은살을 자랑스럽게 디밀어 보이곤 한다. 비록 짧은 데다 굵기까지 해서 못생겼지만 내 생각을 내 삶의 이력서에 가장 잘 옮겨주는 친절한 수단이기 때문이다.

15세기 독일의 대표적인 화가 알브레히트 뒤러의 작품 중에는 〈기도하는 손〉이라는 작품이 있다. 물론 그의 작품에는 〈아버지의 초상〉, 〈카네이션을 든 성모〉, 〈이브〉 등 워낙 유명한 작품들이 많지만, 이 〈기도하는 손〉은 제작 동기와 관련해 잔잔한 감동을 끌어내고 있는 작품이다.

헝가리 출신으로 금방에서 세공사로 일했던 아버지 밑에서 자란 뒤러는 유명한 화가의 문하에서 그림 공부를 시작하였다. 그러나 가난한 형편으로 자신의 레슨비를 벌지 않으면 안 되었다. 이를 측은하게 생각하던 친구는 한 가지 제안을 하게 된다. 뒤러가 마음 놓고 그림 공부를 할 수 있게끔 레슨비를 자신이 벌어다 주겠다는 것이다. 그리하여 친구가 벌어다 준 학비로 혼자만 그림 공부를 계속하게 되었다.

친구의 눈물겨운 도움으로 뒤러가 어느 정도 실력을 갖추었을 때 이제는 뒤러 자신이 레슨비를 마련해 줄 테니 함께 그림을 그리자며 그 친구를 찾아간다. 하지만 그 친구는 공장에서의 힘든 노동으로 인해 손가락이 망가져 다시는 그림을 그릴 수가 없는 상황이었다. 그런 처지였음에도 그 친구는 그 억센 손을 움켜잡고 뒤러를 위하여 기도하고 있었던 것이다. 뒤러는 친구의 그 거칠지만 아름다운 두 손을 화폭에 옮겼다.

그림 자체의 감동보다도 그 그림의 배경이 더욱 감동적인 작품이 된 것이다. 그 투박하고 거칠기 이를 데 없는 친구의 손이 알브레히트 뒤러라는 세계적인 화가를 탄생시켰다.

조물주는 사람에게 두 개의 손을 주었다. 두 개의 손만 있으면 사람이 이 땅에서 살아가는 데 지장이 없다는 의미인지도 모르겠다. 하지만 두 개의 손은 서로 다르면서 서로 같기도 하다. 그러기에 〈마태복음〉에서도 "오른손이 하는 일을 왼손이 모르게 하라"고 하지 않았던가. 각기 상반된 다른 위치에 있지만 가장 거룩하게 보일 때가 빈손으로 서로를 맞잡은 기도의 모습이야말로 손의 가장 거룩한 모습이 아닐까 싶다.

모두가 다 가진 두 개의 손이지만 그 손의 사용처는 천차만별하다. 같은 손인데도 어떤 손은 좋은 일을 하는 데 쓰이고 어떤 손은 나쁜 일을 하는 데 쓰이기도 한다. 처음부터 좋은 손과 나쁜 손이 정해져 있는 것은 아니지만 그 손에 어떤 의도를 담느냐에 따라 손이 뜻하지 않은 결과를 빚을 수도 있기 때문이다.

물론 세상에는 두 개 이상의 손을 부리는 사람들도 많이 있다. 수천, 수만의 손을 부리는 사람들도 적지 않다. 그러나 자신의 손을 두고 남의 손들을 움직일 때는 남을 위한 좋은 일에만 사용해야 한다. 자신을 위하여 두 개 이상의 손을 부린다는 것은 자연의 섭리를 거스를 뿐만 아니라 화를 불러오기 마련이다.

생각하기에 따라서는 참 안타깝고 불쌍한 것이 손이다. 하루에도 수십, 수백 번을 움직이며 노동에 나서지만 언제나 자신은 빈손이 아닌가. 손금이 뭉개지고 뼈마디가 휘어지도록 일을 하지만 정작 자신에게는 아무것도 돌아가는 게 없다. 아니 처음부터 아무것도 바라지 않는다. 가끔 손을 씻다가 손금 속에 남아 있는 지나온 길을 보면 나도 모르게 눈물겨울 때가 있다.

내 목숨을 부지하는 일에만 사용해도 손은 그저 고마울 뿐이다. 그런데도 부족한 생각들을 수십 번씩 고쳐가며 시를 만들어주고 수천 장의 그림을 그려주고 있으니 더 무슨 수식어가 필요하랴. 그런데도 자신은 늘 쓸쓸한 빈손이 아닌가. 굳은살 배긴 빈손을 바라보고 있자니 슬그머니 양손에 불끈 힘이 들어간다.

신라인의 미소

넥타이 매기를 즐기지 않는 터라 내게는 여러 개의 링 타이가 있다. 그 가운데서도 지겨울 만큼 오래도록 사용하는 것이 하나 있는데 이름 불러 '신라인의 미소'라고 한다. 그렇다고 값이 비싸거나 특별한 사연이 있는 것도 아니지만 나는 곧잘 목에 걸고 다닌다. 어쩌면 미소에 서툰 나를 대신해서 속마음을 전해보고 싶은 계산에서인지도 모르겠다.

물론 외형만 놓고 보자면 눈길을 사로잡을만한 데를 찾기가 힘들다. 지름이 4.5cm 밖에 안 되는 자그마한 크기에다 그나마도 30% 정도는 날아가고 없는 얼굴인지라 귀티라곤 찾아볼 수가 없기 때문이다. 수막새 기와 외벽에 부조 형태로 새긴 얇은 얼굴이어서 볼륨이나 질감 면에서도 크게 두드러짐이 없다. 그런데도 지금까지 보아온 신라의 그 어떤 와당에서도 볼 수 없었던 여인의 온화한 미소로 인해 눈길을 뗄 수가 없다. 아무리 보아도 싫지 않은 표정이 있다면 바로 이 미소를 두고 일컫는 말이리라.

실제로 우연히 들른 경주박물관에서 이 여인의 미소를 처음 만났을 때의 그 풋풋한 설렘을 나는 아직도 잊지 못한다. 얼굴의 왼쪽과 턱이 깨어져 날아가고 없었음에도 단번에 나를 사로잡아버렸다. 나는 한참이나 바라보다가 무엇이 나를 사로잡아버렸는지에 관해 물음이 생겼다. 분명히 은근히 웃는 표정인데 그 웃음의 표정을 만들어내는 기관이 어디인지 궁금했다. 보통은 눈의 표정에서 미소가 깃들어지나 눈두덩이만 불룩 튀어나온 채 거친 칼자국이 선명한 눈에서 나오는 곳 같지도 않고 입꼬리가 위로 올라가긴 했으나 그렇다고 대놓고 웃는 입 모양도 아닌 것 같았기 때문이다. 눈을 가려도 보고 입을 가려도 보다가 약간 튀어나온 광대뼈를 끌어당기는 얼굴 근육에 주목하였다.

그러고 보니 내 할머니의 모습이 보이기 시작하였고 뒤이어 어머니의 모습이 다가오기 시작하였다. 한 번도 영화배우나 탤런트들과 같이 준비되고 강조된 웃음을 보여준 적이 없으면서도 언제나 잃지 않으셨던 그 푸근함이 거기에 포개져 있었다.

나는 순간적으로 몇 개를 사려고 지갑에서 돈을 꺼내고 계산대 앞으로 갔다가 갑자기 생각을 바꾸어 한 개만 샀다. 내가 이렇게 자랑하고 싶은 미소라면 한 사람이라도 더 많은 사람이 나누어 가져야 한다는 생각에서였다. 나는 그 자리에서 목에 걸고 마치 옛 신라를 다 가진 듯이 들뜬 마음으로 집에 돌아왔었다. 그리고 그 '신라의 미소'에는 더욱 놀랄만한 곡절과 사연이 있었다는 사실을 알게 되었다.

이 링 타이의 모델인 실제 수막새는 지름이 겨우 11.5cm인데 그나마 왼쪽 얼굴과 턱 부분이 떨어져 나간 기와 조각으로 출토된 '얼굴무늬 수막새'이다. 경주시 사정동에 있는 신라 최초의 절인 흥륜사 절터에서 출토된 이 '얼굴무늬 수막새'를 우리는 '신라인의 미소'라 부른다.

그런데 놀랄만한 곡절이란 여기에 우리 민족 근대사의 아픔이 고스란히 스며있었기 때문이다. 원래 이 얼굴무늬 수막새가 세상에 모습을 드러낸 것은 일제의 침탈이 절정으로 치닫던 1934년이었다. 조선총독부 기관지 〈조선〉 6월호 사진과 함께 '조선의 가면 와瓦'가 실렸었기 때문이다. 기고자가 경주 고적보존회 오사카 긴타로였지만 소유자는 경주 읍내 고물상에서 사들였다는 다나카 다카노부라는 젊은 일본인 의사였다. 이를 미루어 짐작해보면 그 이전 어느 때인가 도굴되어 골동품상의 손을 거쳐 이 일본인 의사에게 넘어간 것을 알 수 있다. 그리고는 일반인들의 관심을 가질 틈도 없이 잊히고 말았다.

그도 그럴 것이 소장자가 1940년 일본으로 돌아가면서 이 수막새 기와도 함께 반출해 버렸기 때문이다. 조국이 광복되고 나서도 이젠 누구도 관심 가질 실마리마저 사라져 버린 것이다. 그런데 이 수막새 기와에 새겨진 미소의 영험함에서이었던지 추적의 끈을 놓지 않은 사람이 한 사람 있었다. 경주박물관의 박일훈 관장이었다. 그는 해방 전의 그 짧은 잡지 기사를 기억하고 수소문을 거듭하였고 1972년에 일본으로 출장길에 오사카 긴타로를 찾아가서 다나카 의사의 소재지를 파악하고 그가 예의 그 수막새 기와를 가지고 있음을 확인할 수 있었다. 그리고 그는 여러 차례 얼굴무늬 수막새가 제자리로 돌아갈 수 있게 도와달라고 간청하였다. 그의 진정성 있고 끈질긴 호소에 다나카 의사도 마침내 마음의 문을 열고 경주박물관에 기증하기로 하였다.

언젠가 일본인 예술가들을 초청하여 경주박물관엘 간 적이 있는데 나는 이러한 사연과 함께 그들에게 이 신라의 미소를 하나씩 선물하였다. 소중한 문화재를 돌려준 데 대한 감사의 표현을 그렇게라도 하고 싶었기 때문이다. 얼마 하지도 않은 기념품을 받아들고 그렇게 좋아하는 모습에 조금은 민망스러웠으나 그들의 가슴에 우리네 미소를 안겨주고 싶었다. 그것이 신라인의 마음이었으리라 믿으며.

마침내 1972년 10월 14일 소장자 다나카 의사 내외는 경주박물관으로 얼굴무늬 수막새를 직접 들고 와서 기증하였다. 그 후 2012년 경주박물관에서는 〈얼굴무늬 수막새 수증 40주년 기념전〉을 열었고 2018년 정부에서도 보물 2010호로 지정함으로써 곡절과 사연의 종지부를 찍었다.

신라 시대의 와당에서는 가끔 인물 무늬가 보인다. 그러나 험상궂은 형상으로 벽사辟邪용이거나 위엄을 강조한 것들이 대부분이다. 그런데 기왓장에 포근하고 온화한 미소를 새겨 넣은 것이다. 참으로 놀라운 반전이다. 힘으로 세상의 악이나 재앙을 물리치려는 자세가 아니라 어머니의 미소로 모든 악과 재앙을 감싸 안아 버리겠다는 자세다. 이 얼마나 대단한 자신감이며 깊고 너른 포용력인가.

게다가 대부분의 기왓장을 틀부터 만들어놓고 대량으로 찍어내는 방법을 사용하는데 이 수막새는 손으로 직접 빚어 만들었다. 누가 그랬다던가. 미술품은 왜곡할 수 없는 시대의 표징이라고. 장인들의 손끝에 이끌려 나온 미소는 곧 신라인의 심성이 아니겠는가. 왜 이 작은 기왓장 하나가 경주의 상징이 되었는지를 가슴에 새기면서 나는 오늘도 이 신라의 미소를 목에다 건다.

지렁이 이야기

아침부터 손바닥만 한 텃밭에 상추씨를 뿌릴 요량으로 삽질을 하는데 지렁이가 헤아릴 수 없을 만큼 기어 나온다. 징그러울 만큼 굵은 것부터 가늘고 작은 것에 이르기까지 그야말로 세상이 뒤집힌 낭패를 온몸으로 표현하고 있다. 게 중에 어떤 것은 삽에 잘려 두 동강이 난 채 피를 흘리며 나뒹굴어 내 삽질을 중단시키기도 한다. 흔히들 지렁이가 사는 토양은 건강한 땅이라고들 말하지만 정작 그들의 터전을 무단으로 침범하여 참혹한 재앙에 맞닥뜨린 모습을 바라보자니 썩 마음이 내키지 않아 오늘은 그만두기로 한 것이다. 온통 흙을 뒤집어 놓았으니 더 깊은 곳으로 숨거나 어디 다른 곳으로 옮겨간 뒤에 상추씨를 심을 요량이었다.

그러고 나서 남은 하루 내내 눈앞에 그 지렁이들이 꿈틀거려서 나는 지렁이를 좀 더 구체적으로 알아보기로 하고 사전과 관련된 책을 펼쳤다. 물음을 하나씩 풀어나갈 때마다 나는 한나절 동안 지렁이에게 꼼짝없이 포로가 되고 말았다.

지렁이를 한자로 지룡地龍 또는 토룡土龍이라고 하는데 지렁이는 바로 이 '지룡'이 변하여 만들어진 이름이라고 한다. 그런데 나의 단순하고 알량한 상식과는 달리 지렁이는 전 세계적으로는 1,800종, 우리나라에 서식하는 종류만도 40종이 넘는다는 사실에 우선 놀라지 않을 수 없다. 게다가 성충을 기준으로 작은 것이 10cm, 긴 것은 3m에 이르는 종류까지 있다고 하니 그 또한 놀라운 사실이 아닌가. 몸은 머리 가까이 반지 같은 굵은 환대를 두르고 이동하며 암수 구분이 없는 자웅동체이지만 신기하게도 자가수정을 하지는 않는다고 하니 그 또한 수수께끼이기는 마찬가지다.

지렁이는 온몸이 체절로 나누어져 있어 몸통이 절반쯤 끊어져도 복원하는 능력을 갖추고 있다. 머리 부분에 다섯 개의 원시적인 심장을 지니고 있어서 꼬리 부분만 죽게 하고 머리 부분은 체절을 복구하여 살아남는 것이다. 하찮은 생명이라고만 외면하였던 그들의 존재 자체가 어느 것 하나 신비롭지 않은 구석이 없다.

그런데 더욱 주목할 사실은 그들의 먹이활동에 있다. 주로 부패한 생물체를 먹고 살지만, 그 생물체를 찾기 위하여 많은 흙과 모래, 작은 자갈도 함께 삼킨다는 것이다. 더욱이 사람의 능력으로는 처치가 곤란한 음식물 찌꺼기들을 먹고 분해해 버린다는 사실이다. 하루 섭취량이 자그마치 자기 몸무게의 절반 이상을 먹고 배설한다니 결과적으로 얼마나 많은 흙을 헤집고 다니면서 산소를 공급해 주는지 짐작이 간다.

이렇게 공기를 머금은 흙은 미생물들의 먹이활동이 활발하여 식물의 뿌리로 하여금 많은 영양분을 흡수하게 해준다. 눈도 없고 코도 없고 귀도 없지만, 다행히 입과 항문은 있어서 수많은 거름을 생산해주고 있으니 가히 조물주가 사람들에게 보내준 친환경 비료공장인 셈이다. 아니 어쩜 한 걸음 더 나아가서 지렁이는 흙이 존재하는 지구상의 모든 나라의 캄캄한 땅 밑에서 목숨 바쳐 흙의 건강을 책임지는 거룩한 일꾼인지 모르겠다.

그런데 그들에게도 치명적인 약점이 하나 있는데 피부로 숨을 쉰다는 점이다. 비가 와서 흙이 물에 젖어버리면 숨구멍이 막혀서 땅 위로 기어오르는데 때맞춰 새의 먹이가 되거나 햇살에 데어서 죽어간다는 사실이다. 누구나 한두 번쯤은 빗길에 노면으로 기어 나온 지렁이를 보았을 것이다. 그러다 대부분은 제자리로 돌아가지 못하고 밟혀서 죽거나 말라서 죽게 된다는 점이 그저 안타깝기만 하다.

더욱이 그들의 생명을 위협하는 천적이 두더지라는 기록을 읽자니 내 오랜 수수께끼 하나가 슬며시 풀린다. 비록 작은 채소밭이지만 수시로 통로를 내고 뒤집어 엎어버리는 두더지가 얄미웠었는데 지렁이라는 먹이가 많은 탓이었다고 생각하니 건강한 땅을 검증해준 셈이었다.

또 하나의 치명적인 천적을 꼽으라면 바로 낚시꾼이다. 두더지야 자기 목숨을 위하여 지렁이를 잡아먹었다고 하지만 낚시꾼들의 지렁이 포획은 참으로 이율배반적인 모습이 아닌가 싶다. 그토록 지구의 건강한 토양을 위해서 헌신적으로 살아온 거룩한 삶이 한갓 고기를 잡는 미끼일 뿐이라는 무관심이 슬쩍 얄밉다.

지렁이의 천적은 그뿐만이 아니다. 사람들마저 먹기 위해서 지렁이를 잡는다. 지렁이를 으뜸가는 음식 재료로 활용하였다는 외국의 사례는 그만두고라도 우리나라에서도 지렁이를 사육해서 소위 '토룡탕'이라는 이름으로 먹었으니 말이다. 어혈을 풀어주거나 미용의 재료로 쓰이고 염증을 없애주는 방편으로 사용되기도 한다. 심지어 지렁이의 성분을 추출하여 혈액 순환개선제로 개발한 어떤 제약회사의 약은 선풍적인 인기를 끌기도 하였다.

그런데 지렁이로부터 놀랄 일은 여기서도 끝이 아니다. 지렁이도 엄연히 가축이라는 점이다. 우리나라 축산법에 따르면 2004년부터 지렁이를 사육하는 시설을 축사로 구분하고 있기 때문이다. 아마도 화장품 원재료로 키워내는 대량 사육에서 비롯되지 않았나 싶다. 물론 지금은 지렁이의 이 위대한 환경복원 능력을 확인한 환경학자들에 의해서 그들의 활용법에 관한 연구가 치열하게 전개되고 있다고 한다.

다음날 다시 흙을 고르자 역시 지렁이가 나뒹굴었다. 하지만 마치 나치 수용소의 유대인 학살 장면쯤으로 눈살을 찌푸렸던 전날의 그 안쓰럽던 모습과는 달리 괭이와 호미를 들고 국난극복에 나선 민초들의 모습을 보는 듯 반가웠다. 생명을 지키기 위한 저 원초적인 본능을 두고 예사롭게 "지렁이도 밟으면 꿈틀거린다"라고 하찮아했던 비유가 나를 무안하고 부끄럽게 만든다. 이렇게 철저히도 인간 생명의 근원인 흙의 건강성을 책임져온 지렁이를 인간이 비유할 수 있는 가장 하위에 자리매김하였으니 오늘따라 지렁이에게 너무도 미안하다.

나는 아예 옆 고랑에다 흙을 깊게 파서 지렁이의 집을 지어주었다. 놀란 가슴으로 구불텅구불텅 뛰쳐나오는 놈들을 차례대로 이사시키고 나서야 상추씨를 묻을 수 있었다. 일 년 내내 농약 한번 뿌리지 않은 건강한 땅이라는 지렁이 증표를 확보했으니 아마도 더는 상추의 안부는 물을 필요도 없으리라.

해인삼매

海印三昧

운룡매 몇 송이가 꽃망울을 터뜨렸다. 순간적으로 반가워서 소리를 지를 뻔했다. 그도 그럴 것이 일 년이라는 기다림 끝에 봄보다 먼저 찾아온 기별이니 얼마나 큰 기쁨이랴. 마치 새로운 세상의 주인공인 양 햇살을 향해 파르르 떠는 꽃잎을 바라보다가 문득 때아닌 걱정에 흠칫 뒤로 물러섰다. 아직 대한이 한참이나 남은 1월 중순이 아닌가. 며칠간의 포근한 날씨가 지속하는 사이에 봄으로 가는 길을 서두르다니 다시 돌아올 혹한의 시간은 정녕 계산하지 못했더란 말인가.

아니나 다를까 사흘도 못 가서 차가운 바람과 눈발에 견디지 못하고 얼어서 망가지고 말았다. 달력이나 시계를 본 것도 아니고 자연의 섭리에 충실하였거늘 어찌하여 이렇게 혹독한 시련을 감내해야 할까. 나의 얄팍한 계산기로는 도무지 이해할 수가 없었다. 꽃이 핀다는 것은 새로운 종자의 번식을 위한 거룩한 생명작용이 아닌가. 그런데 무슨 용기로 저토록 거부당할 실천을 무모하게 감행하는 것일까. 지구의 온난화니 이상기후니 하는 설명으로 이해하기에는 물음의 꼬리가 너무 길었다.

분명 함부로 부려본 치기는 아닐 거야. 서둘러 바람의 세기를 재고 햇살의 두께를 읽고 기다림의 시간을 계산한 끝에 온몸의 기운을 다 뻗쳐서 만난 세상이 아니던가. 나는 생각을 조금 바꾸어 보았다. "그래, 생존에 대한 열정이 맞을 거야." 그렇게 생각하고 다시 보자니 그 순수한 열정과 치열한 준비와 용기 있는 실천 앞에 겸허해지는 자신을 만날 수가 있었다.

나는 과연 나의 삶을 저토록 치열하게 살아본 적 있었던가. 다가올 결과를 생각하지 않고 혼을 불어넣은 작업을 해본 적 있었던가. 송두리째 자신에게 주어진 물음의 해소를 향해 몰입해본 적이 있었던가. 소위 삼매三昧라고 하는 '잡념을 버리고 한 가지 대상에만 정신을 집중하는 경지'에 도전해 본 적이 있었던가.

내가 아끼는 붓글씨 중에 해인삼매海印三昧라고 쓴 현판 글씨가 하나 있다. 큰 붓글씨로 붓이 시작되는 기필 지점에 유난히 뭉툭하게 먹물이 모여 있고 나머지 부분은 급작스러운 속도감을 느끼게 하는 독특한 글씨체다. 처음에 이 글씨를 만났을 때는 내용도 내용이지만 글씨가 주는 묘한 기운에 눈을 뗄 수가 없었다. 행서로 쓴 것 같은데 부분적으로는 초서에 가깝게 한 과감한 생략 또한 백미였었다. 그렇게 문자가 지닌 의미전달보다 시각적으로 먼저 강한 프러포즈를 받은 셈이었다.

해인사 지족암에서 주석하신 일타 스님의 글씨인데 비록 서예작품으로서의 가치는 이름 있는 서예가들의 그것에는 못 미칠지 모르겠지만 나는 내 침실의 머리맡에 걸어두고 매일같이 가슴에 새긴다. 그분이 일생에서 보여준, 흉내 내기 어려운 삶의 치열성 때문이다.

큰스님으로 불리는 일타 스님은 깨달음의 길에서 손가락 다섯 개를 연비로 바치고 불가에 귀의한 것으로도 유명하다. 그뿐만 아니라 불가의 인연과 그의 뜻에 이끌려 주변 가족 41명이 모두 속연을 끊고 불제자가 된 사실은 듣는 이들의 귀를 의심케 하기 충분하다. 물론 그의 정진에 얽힌 일화들은 짐으로 진다고 해도 줄어들지 않을 만큼 무진장 그 자체라 할 것이다. 그러니 자연히 그분의 뜻에 따라 옮겨진 필력에 이끌리지 않겠는가. 가히 무심 필법이라 할 아우라aura를 지니고 있으니 가끔 바라보는 것만으로도 깊은 에너지를 느끼게 된다. 이런 인연이 내게 미쳐있으니 얼마나 축복인가.

우리는 흔히 어떤 일에 깊이 몰입한다는 의미로 삼매경三昧境이라는 말을 쓰곤 한다. 이 말은 원래 산 크리스트어 Samadhi의 음역으로 한자로는 삼마제三摩提, 혹은 삼마지三摩地로 표기하고 정定, 등지等持, 정수正受 등으로 번역한다. 즉 산란한 마음을 한곳에 모아 흔들리지 않게 하며 마음을 바르게 하여 헛된 생각에서 벗어나는 상태를 가리킨다. 풀이나 꽃은 바람에 흔들리지만, 사람의 마음은 바람이 없어도 흔들리는 것이 일반적이다. 그런데 욕심을 놓아버리고 생명의 섭리를 초월하여 흔들리지 않는 상태에 이른다는 것은 논리상으로나 가능한 일이다.

삼매 가운데서도 인간이 도달할 수 있는 가장 마지막 경지가 바로 해인삼매라고 한다. 화엄경 제8장 「현수 보살품」에 나오는 구절인데 '삼라만상이 도장 찍히듯 있는 그대로 바닷물에 비쳐 보인다'라는 뜻이다. 물론 파도가 없는 본디 모습의 바다의 경우이겠다. 사람의 마음도 그와 같아서 잔잔한 바다와 같은 고요를 얻고서 만이 그 속에 비친 자신의 희로애락을 볼 수 있고 수정의 계기를 확보할 수가 있다.

해인삼매, 거기에는 존재 그 자체로서의 세계를 한없이 깊고 넓은 바다에 빗대어 거친 파도에 내몰린 중생의 번뇌 망상을 타이르는 메시지가 있다. 생명체의 본능에 휘둘리지 말고 우주 질서와 섭리 안에서 제어하며 자기 확장을 꾀하라는 지혜의 말씀이 담겨 있다. 이는 곧 부처가 화엄경을 설명하면서 깨달음의 경지로 모든 번뇌가 사라진 마음에는 과거와 현재, 그리고 미래의 모든 업이 여실하게 나타난다는 사실을 설하는 하나의 방편이다. 일타 스님은 다만 그 개성 넘치는 필체로 사람살이의 심오한 진경으로 초대하고자 하는 설법을 대신하고 있을 따름이다.

이제 또 햇살이 두꺼워지고 칼바람이 멈추고 나면 남은 꽃봉오리들이 다시금 개화를 향한 준비를 서둘 것이다. 그리고 이어 개화 삼매에 들어갈 것이다. 그리고 지나간 아픈 기억과 상처는 씻은 듯이 잊을 것이다. 다시 다가올 시간 앞에 겸허히 생명의 존엄을 증명해 보여줘야 하기 때문이다. 자신을 존재하게 한 자연의 거룩한 선택이었으니까.

해인삼매를 흉내 내기에 앞서 혹독한 겨울을 이기고 꽃을 피우는 한 그루 매화나무를 본받는 일이 먼저였음을 내게 일러준 매화 한 송이가 다시 바람에 흔들린다.

가을에는

모처럼 차를 우려 놓고 화실 창가에 앉았다. 아직은 더위의 기세가 등등한 데도 누릇누릇 물들기 시작한 참나무 잎사귀들이 눈길을 사로잡는다. 아마도 절벽 위에 선 나무들이어서 표토가 깊은 흙에서보다 수분이 모자란 탓이었으리라. 하지만 나는 공연히 마음자리가 흔들리고 있음을 느낄 수가 있었다. 순간적으로는 '아니 벌써' 혹은 '아, 옛날이여!'하고 탄성이라도 지르고 싶다가도 놀라운 시간의 질서 앞에서 돌연 긴장의 자세로 바뀌기 때문이다.

강을 사이에 두고 거대한 적벽과 마주한 화실이어서 나는 이렇게 때아닌 계절의 예고편을 볼 수 있어서 남들보다 조금씩 미리 가을 준비를 시작하게 된다. 가을이 오면 해야 할 일들을 생각하며 마음속의 메모 쪽지를 꺼내는 것이다. 무엇부터 먼저 할까. 가을에 해보려고 남겨두었던 일들이 왜 그리도 많은 것일까.

가을에는 무엇보다 먼저 프랑스의 시인 구르몽의 시 「낙엽」부터 읊조릴 일이다. 그리고는 오로지 자신만이 감동할 멋진 시 한 편을 쓰는 거다. 비록 알아주는 이가 없더라도 자연의 변화를 앞질러 헤아리고 자기 생각이 영근 열매를 거둘 줄 아는 시인이 되어보는 거다.

가을에는 행간마다 맑은 영혼의 숨결이 스며있는 책 두 권쯤 골라 읽는 거다. 한 권은 지나온 길을 확인하기 위해서, 또 한 권은 앞으로 가야 할 길을 찾기 위해서 새벽까지 불을 밝혀 읽는 거다. 읽다가 나도 모르게 지쳐 잠이 드는 거다.

가을에는 그리스 출신의 뉴 에이지 음악가 야니Yani의 영혼을 울리는 피아노 선율에 마음을 맡길 일이다. 그리하여 뜨거운 햇살과 소나기와 땀에 일그러진 자신을 추슬러보는 거다. '꽃의 마음'을 헤아리고

'산토리니'의 해변에 한 마리 갈매기로 날아보는 거다.

가을에는 무작정 완행열차에 오를 일이다. 시간을 잊어버릴 때쯤 간이역에서 내려 보는 거다. 그리고는 낯선 사람, 낯선 풍경들이 준비한 한때를 서로 뒤섞는 장터를 걸어보는 거다. 텁텁한 막걸리처럼 낯선 시간의 불콰한 취기를 어찌 사양할 수 있으리.

가을에는 그리운 사람을 밤새워 그리워할 일이다. 그러다가 받지도 않을 편지, 받을 사람도 없는 편지를 쓸 일이다. 반드시 마지막에는 '사랑했노라'라는 한 마디를 잊지 않으리.

가을에는 먼지 묻은 문살을 씻어내고 문종이를 바를 일이다. 묽은 풀을 쑤어 결이 삭은 햇살과 마른 꽃잎을 넣은 한지를 바를 일이다. 이윽고 바람이 저어할 밤이면 귀뚜라미 소리를 앞세우고 달빛도 깃을 재우리라.

가을에는 잘 닦인 하늘 한쪽에 남겨진 낮달을 향해 걸어가야 하리. 가다가 참새가 먹다 남긴 수숫대의 서걱대는 마른 숨소리를 들을 일이다. 어쩌면 행간에 오르지 못한 채 잠시 걸음을 멈춘 바람의 절명 시를 들을 수도 있으리라.

가을에는 은행잎 노랗게 깔린 산사에나 오를 일이다. 부처님이 절간을 비우면 어떻고 스님이 반겨주지 않으면 어떠리. 다만 맑은 물소리에 마음의 때를 씻고 풍경소리 머금은 작설차를 마시면 그만이 아니겠는가.

가을에는 가만히 혼자 흔들리는 촛불 앞에 지난날을 숨김없이 펼쳐놓고 참회할 일이다. 그리고 가장 미워했던 사람부터 지워낼 일이다. 지워내고 지워내고 또 지워낸 뒤 떨어진 낙엽 하나를 그 자리에 올릴 일이다. 그래도 남은 가을은 침묵할 일이다.

차가 다 식도록 어느 한 가지도 정하지 못했는데 자꾸만 우선순위가 바뀐다. 이토록 가을은 그 생각만으로도 가슴이 벅차오른다. 나무도 풀잎도 먼 곳으로부터 차가운 북풍을 장착한 겨울이 오고 있다는 것을 헤아려 자신을 스스로 보호할 만반의 준비를 차근차근하고 있는데 나는 공연히 마음만 조급해진다.

마치 비눗방울처럼 부풀어 오르던 생각의 거품을 걷어내고 창문 너머로 고개를 돌리자 때마침 그리움에게 보내라며 낙엽 하나가 뚝, 떨어진다. 오, 저토록 자신을 거두어들일 줄 안다는 것은 얼마나 거룩한 일인가.

목언예원 이야기

'대동강 물도 풀린다'라고 하는 우수 절기의 아침이다. 눈이 녹아서 비나 물이 된다는 날이니 이제 봄기운이 완연하다. 아니나 다를까 뜨락의 입구를 지키고 있던 복수초가 올해도 가장 먼저 꽃봉오리를 살짝 열어 보인다. 조금이라도 더 일찍이 꽃핀 모습을 보려고 흥건히 물을 주고 흙을 일구어준 탓일까 샛노랗게 벌어지는 모습에서 이름값처럼 복과 목숨이 돋아나는 느낌이다. 이제 그다음 차례는 청매가 될 것이고 그다음은 홍매, 또 그다음은 살구꽃 차례로 준비한 저마다의 숙제를 풀어놓을 것이다. 그리하여 겨우내 움츠렸던 사람들의 마음까지도 활짝 열어줄 것이다.

이렇게 봄이 보내준 심부름꾼들과 안부를 묻고 또 한 번 함께 할 수 있음에 감사하는 연례행사가 어느덧 21년이 지났다. 그러고 보니 목언예원의 나이도 이미 21살이나 먹은 셈이다. 이참에 한 번도 제대로 털어놓은 적 없는 목언예원 이야기를 좀 해야겠다.

'목언예원'의 시작은 내가 그림 그리고 시를 쓰기 위하여 마련한 작업실이다. 매스컴에서 새 밀레니엄이 다가온다고 요란을 떨던 1999년, 그때 나는 대구미술협회 회장직을 맡고 있었다. 물론 대구 시내에 작업실이 있었는데 직책을 맡다 보니 예고 없이 방문하는 사람들이 늘어났다. 심적 부담을 조금씩 늘려갈 무렵 문득 '한 사람의 일생에 한 세기가 지나간다는 것도 행운이라면 행운이다'라는 생각이 들었다. 그리고 '그런데도 두 세기에 걸쳐 옴짝달싹도 못 해보고 카키색 도심의 한쪽 구석에 틀어박혀 있다는 것은 행운에 대한 배신이며 인생의 직무유기다'라는 자책감에 사로잡혔다. 자리를 옮기기로 불쑥 마음을 정했다.

물론 그 전부터 수년간에 걸쳐서 보아둔 자리가 있었다는 점도 결심의 큰 요인이었다. 우선 고향이면서도 '비단 내錦川'라는 이름에 걸맞은 경관의 수려함이 선택지의 첫 번째 만족감이었다. 다음은 일연선사가 주지로 있으면서 삼국유사가 집필한 사찰이자 삼국통일 대업의 원동력이 되었던 화랑도의 정신적 계율인 '세속오계'가 탄생한 운문사 길목이라는 역사성에서 또 하나의 방점을 찍었다. 그리고 세 번째는 강을 끼고 있다는 개인적 취향과 길에서 보이지 않는 안온함과 차 소리가 들리지 않을 만큼 큰길에서 떨어져 있다는 환경 조건에서 쾌재를 불렀던 자리가 아니던가. 물론 그 같은 조건의 땅을 구입하기까지의 애로 또한 만만치 않았다. 2년여의 실랑이 끝에 마침내 주변 시세보다 훨씬 비싼 가격을 주고 매입을 확정했었다. 하지만 나는 비싸다는 생각보다 덤으로 따라오는 드넓은 강과 깎아지른 적벽에 매료되어 마냥 신이 났었다. 그뿐만이 아니었다. 가까운 곳에서 시작되는 운문구곡의 시작점인 '눌연'과 선암서원의 고즈넉한 품새로 인해 연신 '내게 이런 행운이 안겨지다니…'라는 감격에 겨워했던 길지였으니 말이다.

서둘러 결심을 굳히고 실천에 옮기려다 보니 수중에 집을 지을만한 돈이 없었다. 자존심을 버리고 마침 그 분야에 종사하고 있던 친구에게 사정을 털어놓았다.

"내 힘이 닿는 데까지는 열심히 갚을 테니 큰 결심을 한번 해줬으면 좋겠다."

"내 곁에 예술을 하는 친구가 많이 있는 것도 아니고, 어려운 부탁을 해왔으니 할 수 있는 데까지 한번 해보자."

망설임 없이 터무니없는 제안을 받아준 친구의 도움으로 작업실을 착공해서 1999년 12월 26일 준공식을 했었다. 30평짜리 작업실과 간단한 주거공간이었으나 새천년이 시작되기 전에 삶의 커다란 몸부림을 일단락 지운 성취감은 말할 수 없이 컸었던 것 같다.

아무튼, 다소 성급하고 즉흥적인 결정이었던 것 같지만 그렇게 새로운 삶의 질서가 시작되었다. 문제는 시내에서의 직책과 시골 작업실과의 거리로 인해 이전보다 훨씬 더 바쁘게 움직여야 한다는 점이다. 그뿐만 아니라 아내가 교직에 있었기 때문에 혼자 먹거리를 해결해야 하는 점도 간단치가 않았다. 어쩌면 자신에게 보다 무거운 짐을 짊어지운 셈이다.

얼핏 보면 얼결에 저지른 욕심같이 보일지 몰라도 그러나 내 나름대로는 멀고 길고 오랜 꿈을 해소하는 실천의 시작이었다. 그래서 작업실 이름을 목언예원木言藝苑으로 정하지 않았던가. '나무의 말을 전하는 예술 동산', 뭐 그런 희망을 담았으니 말이다. 언젠가 감동적으로 훔쳐보았던 일본 교토나 센다이 등지의 전통적인 예술공간과 중국 항주나 양주에서 보았던 세계적인 예술 정원이 준 부러움이 담겼는지 모른다.

어쨌든 이 작은 공간 확보를 계기로 나는 차츰 땅을 넓히고 건물을 증축하면서 하나하나 새로운 목표를 키워나가기 시작했다. 내가 나고 자라고 작품을 창작한 고향에 문학관과 미술관을 세워 다음 세대들에게 마음의 힐링 공간으로 남겨줘야 하겠다는 다짐이 그것이다. 더욱이 내가 자란 영남을 통틀어봐도 그같이 버젓한 예술공간 하나 없다는 아쉬움도 한몫을 거들었다.

생각이 거기에 미치자 나의 마음은 한없이 뛰고 설레고 바빠지기 시작하였다. 작품을 사서 모으기 시작하였다. 내가 지, 필, 묵을 중심으로 한 한국화를 그리고 있으니 같은 장르부터 전국 수준의 한국화와 서예부터 수집하였다. 잘 다니던 공립학교와 대학 강의까지 중단하고 그림에만 몰두하였으니 금전적인 제약이 가장 큰 고민이었으나 내 그림을 팔아서 아쉬운대로 보충하곤 하였다.

시작한 김에 문학관에 필요한 자료 준비도 병행하였다. 내가 시조를 쓰고 있으니 우선 그쪽 방면의 귀중 도서로부터 육필원고 등을 집중적으로 수집한 것이다. 다행히도 20여 년 전까지는 그래도 이런 방면의 수집에 관심이 적어서 귀한 자료들을 선점할 수가 있었다.

지금까지 수집한 미술품들을 모두 합하면 대략 500여 점은 되는 것 같다. 한국을 대표하는 한국화 작가들의 작품과 국전과 대한민국미술대전의 심사위원급의 서예, 그리고 향토작가의 서양화, 중국의 장대천, 우우임, 오관중, 황군벽 같은 세계적인 작품들도 몇 점 포함되어 있다. 문학 장르는 주로 시조 장르에 국한되는데 문화재청에서 정한 근대문화유산 문학 편에 속하는 책자, 청도 출신의 이호우 이영도 선생의 육필원고, 시조가 인쇄된 고서 등 1,000점이 넘는 자료들을 모을 수가 있었다. 사실 30년 가까이 집중적으로 수집해와서 그렇지 시간적인 고충, 경제적인 애로 등 포기하고 싶었던 때가 한두 번이 아니었다.

예원 또한 외형적인 변화도 여러 번 연출되었다. 300평 남짓으로 시작한 공간이 몇 배로 늘어났고 건물도 200여 평이 훨씬 넘는 규모로 바뀌었다. 최근에는 대작 작업을 위한 7m 층 높이의 작업실도 건립되었다. 정원도 나름의 특징을 갖추어서 국립 수목원이 선정한 '가보고 싶은 정원 100'에 올라있다. 이 정원에서 해마다 아담한 시 음악회가 열리고 중국과 일본의 작가, 문인들과의 교류 행사가 여러 차례 있었다. 또한, 국내의 수많은 문화예술인이 다녀갔음은 물론이다.

개인적으로는 스무 번이 넘는 개인전 작품이 여기서 제작되었고 20여 권의 시집이 쓰였다. 그 밖에도 두 권의 수필집과 네 권의 평론집, 두 권의 동시조집 등 창작이 바로 이곳에서 쓰였으니 가히 내 정신의 주방이라 해도 틀린 말이 아닐성싶다. 그리고 계간 잡지인 《시조21》이 20년째 발행되고 〈한결〉 시조 동인, 〈목우〉 시조 동인, 〈이목〉 시조 동인 등 시조 시인들의 창작활동 지원과 창작강좌를 지속하여 왔다. 또한 〈이호우 · 이영도문학기념회〉와 〈사〉국제시조협회의 사무실로 활용되어 창설에 부쳤던 명실상부한 예술의 동산으로 자리매김하는 과정이다. 지금까지가 힘들었지 앞으로는 더 실질적인 결과들이 이루어질 것으로 기대하고 있다.

이제 앞으로 남은 일은 당초에 결심하였던 '가보고 싶은 예술공간'으로 자리매김하도록 보다 세심하게 가꾸고 활용도를 높여가는 작업이다. 그림 수집품들을 일목요연하게 전시하여 관람할 수 있도록 시설을 보완할 필요가 있을 것이다. 또한, 귀중한 문학 자료들이 관람객들의 삶의 치유 수단이 될 수 있도록 전시공간을 확충하는 일도 미룰 수가 없다. 그렇다고 강박감으로 서둘 일도 아니다. 이는 결코 마음과 생각만으로 이루어지는 일이 아니기 때문이다. 어차피 수익사업이 아니기 때문에 효용성에 더 무게중심을 두고 발원을 지속하려고 다짐한다.

그토록 동네 사람들이 그곳에 들어가면 단명한다고 말리던 일이 엊그제 같은데 어언 21년이 흘러갔다. 새 밀레니엄에 대한 인간적인 화답으로 시작한 발심이 아니던가. 그때의 나이가 마흔일곱이었으니 사실은 더욱 실속있게 늙어야겠다는 생각이 우선이었는데 도중에 조금 욕심이 들어갔다는 진단이 옳을 것이다. 주제넘게도 한 시대의 예술을 운위하면서 살아온 사람으로서 시대적, 사회적 역할과 의무에 대한 빚 갚음을 자처한 셈이니 말이다. 하지만 지금도 그 생각만은 변함이 없다.

내년이면 일흔, 이제 죽음에 대해서도 준비해야 할 나이가 아닌가. 나는 얼른 호미를 들고 뜨락으로 내려섰다. 흙을 북돋우고 움트는 꽃자리를 보듬어줘야겠다. 땀이야 흐르고 몸이 약간 피곤하겠지만 어차피 그것마저도 내가 선택한 내 인생이 아닌가. 생각해보면 내 몸도 계약 기간도 없이 잠시 빌려 쓰는 임시 거처이고 도구와 다름없다. 더욱 많이 사용하여야 내 몸을 빌려준 이에 대한 보답일 테니까. 올해 봄에도 다가올 백 년 뒤 〈목언예원〉의 청사진을 그려보며 그때의 누군가를 위하여 또 한 그루의 매화나무를 뜨락에 심어야겠다.

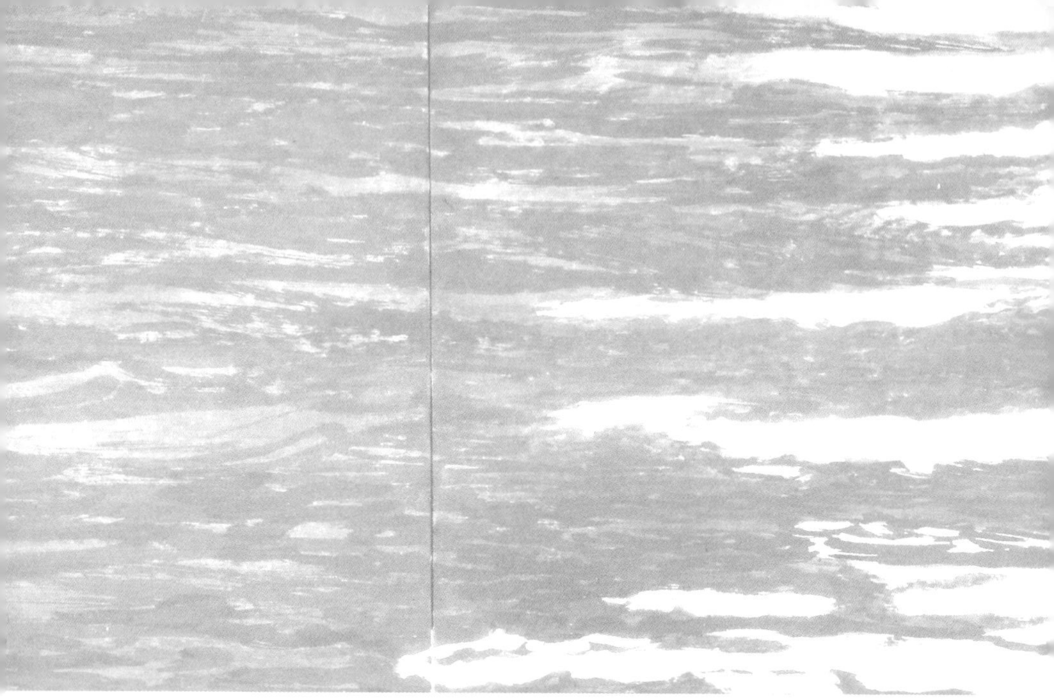

강물을 읽다

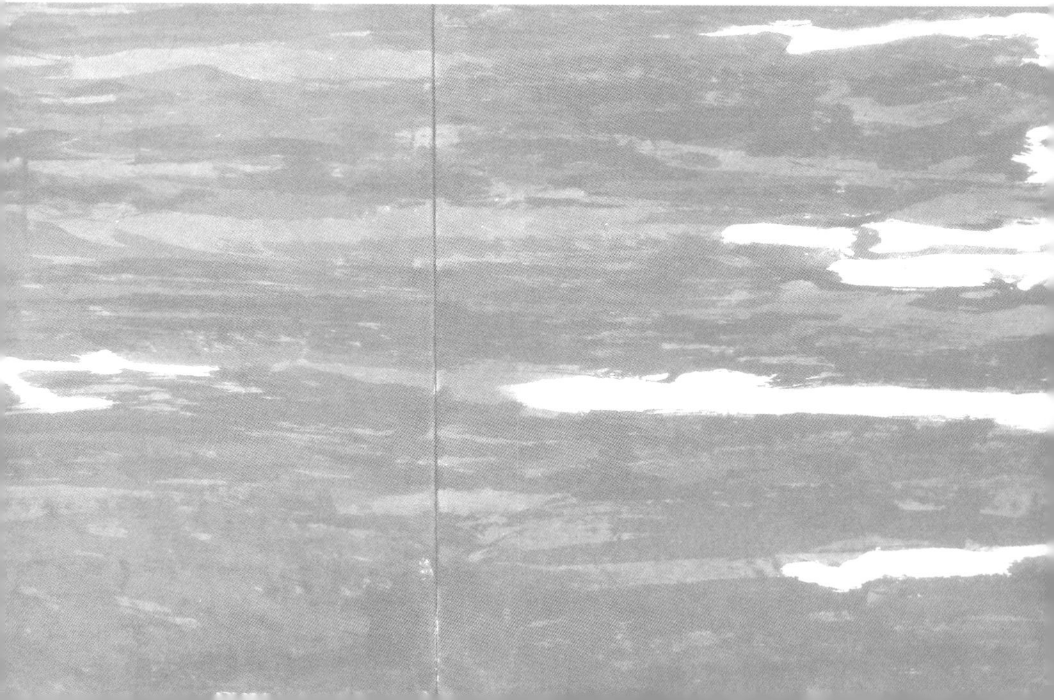

02

한때 꽃 — 강물은 자신을 밟고 길을 낸다 — 과감果敢한 용기 — 겨울나무를 읽다 — 흙의 마음, 농부의 마음 — 미루나무, 그 그리운 나라 — 강물을 읽다 — 흙의 마음 — 류상덕 선생님 영전에

한때 꽃

우수 경칩 다 지나고 이제 완연한 봄인가 싶었는데 갑자기 날씨가 사나워졌다. 꽃샘추위라고 넘기기엔 그 정도가 예사롭지 않았다. 나는 화실 담장에 기대어 피던 매화가 걱정되어 그쪽으로 발길을 옮겼다. 며칠 전부터 한 잎 두 잎 꽃망울을 터뜨리는 모습이 마치 내 마음에 봄을 나누어주는 꽃 도장花印처럼 여겨져 도무지 지워지지 않았기 때문이었다.

그러나 놀랍게도 꽃들은 일그러지거나 냉해로 인한 상처를 드러내지 않은 채 엷은 햇살을 보듬고 환하게 웃고 있는 것이 아닌가. 어떤 것은 다가올 미래에 대한 환상에 젖기도 하고 어떤 것은 지나간 혹한을 견뎌낸 자신을 대견해하기도 하는 모습이었다. 또 어떤 것은 오늘 만난 이 눈부신 세상을 자축하는 모습이고 어떤 것은 내일을 향해 기도하는 자세를 취하기도 하였다.

주변의 작은 수조에 고인 물은 깡그리 꽁꽁 얼었는데 저토록 얇은 꽃잎들이 얼지 않다니…. 어쩌면 그것은 생명이라는 이름에 부과된 채무를 갚는 지극한 보답이 아닐까 하는 생각이 들었다.

나는 문득 만해 한용운 선사가 읊조렸던 " 따순 볕 등에 지고 유마경을 읽노라니/ 어지러이 나는 꽃이 글자를 가리운다/ 두어라 꽃 밑 글자를 읽어 무삼하리오" 라는 시조 「춘주春晝」한 구절을 떠올렸다.

그렇다. 진리를 구하여 진여眞如에 접근하는 길이야 유마경을 읽는 일과 바람에 흩날리는 꽃을 살피는 일이 무엇이 다르랴. 가끔 벌이 날아오는 매화꽃 가지 아래 나는 아예 자리를 깔고 앉았다.

희미한 바람에 실려서 허공으로 흩어지는 꽃향기에 젖는 그 잠시 동안에도 먼저 핀 꽃송이로부터 어떤 이파리들은 이미 떨어지고 있었다. '무엇이 저렇게도 급할까'하고 생각하는 자신에게 흠칫 놀라 얼른 그 생각을 고쳤다. 순리에 얽힌 숭고한 자연 앞에서도 나는 내 알량한 욕망의 잣대로 꽃을 읽으려 했기 때문이다.

꽃은 꽃을 버려서 열매를 얻는다는 사실을 놓쳤다. 빼앗기는 괴로움보다 내어주는 보시의 즐거움이 얼마나 큰 부처님의 가피인지 미처 생각하지 못했다. 오늘을 버리지 않고 어찌 내일을 만날 것인가.

꽃의 시간은 언제나 현재에 초점이 맞춰져 있다. 그러면서도 주어진 여건에서 최선의 열정을 다한 아름다운 모습으로 윤회의 수레바퀴에 얽힌 자기 생명의 빚을 되갚는지도 모른다. 더러는 화려하게, 혹은 소담하게 피는 잠시의 순간처럼 보이지만 그러나, 한 송이의 꽃에는 지나간 백 년의 시간이 잠들어 있고 다가올 천년의 시간이 대기하고 있다.

아무리 오래전에 지나간 시간이라 할지라도 그 시간의 근원이 없었다면 꽃은 필 수가 없었다. 마찬가지로 아무리 멀리 있는 내세의 시간이라 할지라도 그 시간에로의 길이 트여있지 않으면 꽃은 쉬이 지지 않을 것이다.

우리들의 눈에 보이는 꽃의 시간은 결코 길지 않다. 하지만 그 찰나의 이면에 숨겨진 시간을 읽어 들어가면 무한한 길이와 광활한 넓이로 존재한다. 거기에는 이 땅에 생명이 존재한 태초로부터의 모든 과거와 현재, 그리고 미래가 어우러져 하나의 눈부신 화두로 자리하기 때문이다.

나는 얇은 꽃의 책장을 한 장 한 장 넘기었다. 떨어지는 꽃의 마음에는 결코 원망이라는 단어가 내장되어 있지 않았다. 설사 올해가 아니더라도 또 내년이 기다리고 있기 때문이다. 아니 굳이 내가 아니더라도 네가 있기 때문이다.

꽃에는 외로울 시간이 없다. 누구에게도 휘둘리지 않고 자신과 또 다른 만남을 소중히 하는, 자유로운 시간이 있을 뿐이다.

꽃은 가장 화려할 때 떠나야 한다는 것을 너무도 잘 알고 있다. 그리고 금방 자신의 자리를 처음처럼 되돌려놓는다. 만약 물이, 바람이, 햇살이, 공기가 원상으로 복구되지 않는 세상이라면 어찌 되겠는가.

또한, 꽃은 어떤 경우에도 불만을 말하지 않고 어떤 물음에도 화려한 대답을 하지 않는다. 다만 가만히 자신을 흔들어 줄 뿐이다. 꽃은 결코 슬픈 표정을 짓지 않는다. 그리고 불행을 입에 담지도 않는다. 아무리 세찬 비바람도, 거친 눈보라도 따스한 햇볕과 다름없는 사랑임을 알기 때문이리라.

하기야 사람의 시간도 꽃의 시간과 하나도 다를 바가 없다. 바람을 잘못 읽어 스스로 움츠리면 만개할 수 없고 자연히 튼실한 열매도 희망찬 미래도 기대할 수가 없을 것이다. 아니면 너무 미련스럽게 방치하여도 꺾이거나 휘어져 합일의 시간을 놓치기에 십상이다. 절실한 시기에 나타나고 절묘한 시기에 사라지는 꽃의 모습에서 지혜를 구해야 한다.

요즘 우리는 지식 과잉시대에 살고 있다. 자신의 소화력과는 상관없이 너무 다양한 지식으로 심각한 소화불량에 시달리고 있다. 다양한 지식을 쌓아 백과사전이 된다 해도 정작 그 지식을 활용할 지혜를 함께 지니지 못한다면 무슨 소용이 있겠는가.

제법 많은 벌이 날아와 윙윙거리는 꽃자리를 털고 일어서며 졸시 「한때, 꽃」을 되뇌어 본다.

네가 시드는 건
네 잘못이 아니다

아파하지 말아라
시드니까 꽃이다

누군들
살아 한때 꽃,
아닌 적 있었던가

강물은 자신를 밟고 길을 낸다

—아들에게

지완아, 세한歲寒이 눈앞인데 시국마저 안정되지 못하니 몸보다 마음이 더 시리구나. 너도, 나도 앞다투어 "네 탓이오"를 부르짖으며 거리로 몰려나가는 촛불의 거대한 물결 앞에서 아버지 역시 시대의 환우患憂를 예방하지 못한 기성세대의 한 사람으로 무척이나 마음이 아프단다. 그리고 무엇보다도 그 도도한 물결 속에는 분명히 너도 함께 있을 테니 말이다.

하지만 여기서 누가 옳고 누가 그르다는 분별을 하고 싶지는 않다. 또한, 너의 그 어떤 선택과 행동에도 관여하거나 탓할 생각도 없다. 따지고 보면 너 역시 우리 시대가 대비하지 못한 불균형과 부조화의 피해자일 테니 말이다. 다만 쌓여온 저마다의 불만이 분출될 수밖에 없는 결정적인 계기를 국가원수가 제공했다는 점에서 안타까울 따름이다.

'요즈음 얼마나 힘이 드느냐'고 굳이 묻지는 않겠다. 하지만 지금 너는 또 무엇을 준비하느라 골몰하는지 궁금하구나. 아버지는 혹여 태산이라도 옮길 것 같던 너의 인생 도전 1막이 실패로 끝났다고 패배 의식에 빠지지나 않을까 잠시 걱정을 했었단다. 또 실제로 네게서 그러한 표정을 읽은 적도 있었단다. 아비로서 조급한 생각에 조바심도 해보았지만, 그것이 너에게 아무 소용이 없다는 것을 잘 안단다. 그래도 요즘 다시 새로운 길을 나설 준비를 하는 것을 보면서 또 다른 기대를 보내고 있단다.

지완아, 너도 이제 나이가 30대 중반이구나. 물론 공자께서도 서른에는 자립三十而立을 했다고 했을 정도이니 마냥 어린 나이는 아니다. 맞지 않는 옷을 서둘러 입는 것도 이상하겠지만 그렇다고 맞는 옷만

찾느라 벌거벗은 채로 견딜 수도 없는 노릇이니 고충이 클 줄 믿는다. 너무 큰 옷은 줄이고 너무 작은 옷은 뜯어서라도 몸에 맞게 수선하여 입어야 한다. 지금이야말로 하고 싶은 일과 할 수 있는 일의 절충점을 찾아야 할 때가 아닌가 싶다.

물론 나는 네가 인생을 행복하게 설계하고 건축할 자질을 충분히 가지고 있다고 믿는다. 다만 아직은 네가 들어가야 할 입구를 찾지 못해 주춤하고 있다고 생각한다. 바라건대, 너무 작은 것에 지나치게 큰 의미를 부여하지 마라. 가만히 보면 바람에 흔들리지 않은 꽃이 없고 아무리 하찮아 보이는 들풀이라도 혹한의 눈보라를 이겨내지 않고 향긋한 봄을 맞는 예는 없단다.

너는 다 잊었겠지만 내 마음의 금고에는 지난날 너와 함께 보낸 아름답고 행복한 시간이 소중하게 적립되어 있단다. 네가 어린 날, 휴일 아침마다 수성못 가에 나가 바람을 헤아리는 나뭇잎과 물결을 읽어가는 새끼 물오리, 수면을 뛰어오르는 고기들의 힘찬 도약을 함께 보면서 보낸 시간이 바로 그것이다. 어쩌면 그런 시간이 네가 철학도가 되는 계기였을지도 모르겠다만 나는 가끔 그때가 그립단다.

너는 아직 피가 뜨거운 청춘이다. 물론 나이가 젊다고 모두 다 청춘인 것은 아니다. 진리에 대한 호기심을 지녀야 하고 행동하는 양심으로 정의에 대한 실천 의지를 지녀야만 청춘이라 할 것이다. 아무리 젊어도 지식과 지혜를 겸비하지 못하고 모험과 도전을 피한다면 청춘이라 말할 수 없다. 비록 실패라는 위험이 도사리고 있더라도 새로운 가치에 도전하는 자세야말로 청춘이 아름다운 이유일 테니 말이다.

지완아, 가끔은 무심히 흐르는 강물을 보아라. 자기 색깔도 갖지 않고 자기 모양도 갖지 않은 채 서로 덥석 손을 잡고 상처가 주는 대로 둥글게도 흐르다가 네모로도 흘러가는 강물을 말이다. 장애가 있으면 돌아가고 낭떠러지가 나타나면 자신을 흩어서 뛰어내리는 모습이 거룩하기까지 하단다. 그렇게 강물은 자신을 밟고서 길을 낸다는 것도 배우게 될 것이다.

그리고 부디 네게 주어진 시간을 알뜰하게 사용해라. 그렇다고 반드시 성공해야 한다는 부담감에 사로잡힐 필요는 없다. 또한, 잘못하면 실패할 것이라는 강박관념에도 발 묶여서는 안 된다. 바람직한 삶의 모습은 반드시 성공하기 위하여 자신을 투자하는 것이 아니라 자신이 추구하는 가치를 실현해가는 자세일 것이다.

그리고 지완아, 반드시 세상의 주인일 필요는 없다. 다만 네 인생의 주인이 되어라.

과감果敢한 용기

화실 마당 가에 서 있는 몇 그루의 해바라기가 하루하루 더 깊이 고개를 숙인다. 마치 익어간다는 것이 어떤 것인가를 보여주기라도 하려는 듯한 모습이다. 어떤 것은 목이 뒤틀려 이웃의 어깨에 기대기도 하고 또 어떤 것은 눈치 빠른 새들에게 씨알을 내어준 흉한 얼굴을 하고 있으나 하나같이 대견스럽기는 마찬가지다. 감당하기 어려운 계절의 무게를 견디고 서 있는 모습에서 결연한 의지 같은 것을 느끼게 한다. 아마도 수확의 계절이 가까이 다가오고 있음이리라.

저처럼 흔한 씨알 하나를 얻는 일일지라도 돌이켜보면 얼마나 오래고 힘겨운 시간이었던가. 비가 오면 비가 오는 대로 뿌리가 썩어 자리잡기 힘들었고 해가 들면 드는 대로 순이 말라비틀어졌던 날들이 어디 한두 번이었던가. 오늘에 이르기까지 그 숱한 기록들이 씨알 하나하나에 새겨져 까맣게 익어가는 모습이란 거룩함 그 자체가 아니고 무엇이랴.

그러고 보니 내가 이곳 전원에 화실을 마련하고 들어온 지도 16년이나 되었다. 모과며 매화나무와 같이 그때 심은 나무들은 해마다 제각기 탐스러운 열매를 선물하는데 정작 내 안에 심은 시와 그림의 꿈나무는 어떤 열매로 커가고 있는지 가늠할 길이 없다. 그러기에 애초부터 함부로 가지를 자를 수도 없고 그렇다고 너무 많은 거름을 줄 수도 없는 "예술이라는 이름의 턱없는 나무"가 아니었던가 싶다.

하지만 도심에서의 치열하게 짜인 시간표를 물리고 전원에다 정신의 뿌리를 묻기까지에는 적잖은 두려움이 따라다녔던 것도 사실이다. 그런데 그 어두운 생각을 한꺼번에 날려 보낸 계기가 있었다. 그것은 제주도 남쪽 바닷가에 있는 추사 김정희 선생의 유배지 탐방이 준 감동 때문이었다.

이조참판 벼슬의 추사 김정희(秋史 金正喜, 1786년~1856년)가 윤상도 옥사 사건에 연루되어 1840년부터 1948년까지 9년간 제주도 대정에서 유배살이를 하게 되었는데 그 적거지에서의 삶이 준 가르침이 나를 커다란 충격에 빠뜨렸다. 추사는 그 9년의 유배 생활에서 자신의 예술, 아니 조선의 예술의 품격을 한 단계 격상시키는 엄청난 창작 혼을 불태웠다. 거기서 국보인 〈세한도〉를 그렸고 거기서 한국서예를 대표하는 독창적인 〈추사체〉를 창안하였던 것이었다. 만약 추사가 유배라는 개인적인 불행을 딛지 않고 유복한 일생을 마쳤다면 오늘의 우리 민족예술은 훨씬 더 가난하였을지도 모르겠다.

나는 그 후로도 생각이 흩뜨려지거나 결심이 약해질 때마다 몇 차례 더 추사적거지를 찾아간 적이 있었다. 그럴 때마다 당장 눈앞에서 이루어지는 결과만이 결실이 아니라 비록 내 것이 아니더라도 오래오래 이루어지는 커다란 결실도 있다는 것에 방점을 찍었었다. 그리곤 곧이어 나 자신 스스로 유배살이를 자청하기로 하였다. 물론 추사와 같은 민족사적인 예술을 기대할 처지는 아니었지만, 기왕에 교직을 떨치고 나온 상황에 머뭇거릴 미련 따윈 없었다.

그로부터 만난 시간과 공간은 참으로 많은 것들을 변화시켰다. 흐르는 물소리와 스치는 바람 소리를 껴안으며 주어진 환경에 최선을 다하되 조급해하지 않기로 했다. 땀을 흘리되 그 땀의 결과가 만족스럽지 않더라도 실망하지 않기로 했다. 그리고 나 자신이 공감하지 못하면서 남의 공감을 강요하지 않기로 했다.

그렇게 세월은 가고 모든 사람이 능숙한 덧셈에서조차 나는 자꾸만 서투른 사람이 되어갔다. 아니 어쩌면 뿌린 씨앗과 거둔 곡식 간의 손익계산 같은 것을 아예 하지 않았는지도 모른다. 그러기에 그간 16권의 시집을 내고 23번의 개인전을 열어도 파산이라는 것을 모르고 살아왔는지 모른다.

세상에는 해마다 이른 봄에 볍씨를 뿌려 가을에 나락을 수확하는 소박한 결실도 있지만 200년을 견디고 역경을 이겨서 남대문의 기둥이 되는 금강송 같은 결실도 있다. 어떤 결실이 더 나은 것이라고 말할 수는 없다. 어느 관점에서 바라보느냐의 문제이기 때문이다. 이제 머잖아 누렇게 익은 모과가 '뚝' 떨어질 것이다. 과일이 모태의 생명줄을 자르고 떨어지는 모양을 과감果敢이라 하였거니 내게도 아직 그런 과감한 용기가 남아 있는지 다시 한번 되짚어보아야 하겠다.

겨울나무를 읽다

지금 내 주변의 농촌은 마치 잘 훈련된 생명의 원정대가 철수한 것처럼 을씨년스럽다. 들판은 텅 비었고 열매를 주렁주렁 달았던 과일나무들도 한 치의 어김도 없이 빈손이다. 어쩌다 일손이 없어 수확을 포기한 빨간 감들만 높은 나무 꼭대기에서 얼었다 녹았다를 반복하며 고향하늘을 지키고 있을 뿐이다. 겨울이 이 땅의 모든 생명들에게 '인내'라는 책과 '기다림'이라는 숙제를 골고루 나누어 주었기 때문이리라.

강변을 끼고 도는 익숙한 산책길이지만 내게는 겨울이 되어서야 비로소 나무들이 보이기 시작하였다. 느티나무, 산수유나무, 때죽나무, 배롱나무, 아까시나무, 쉬나무, 새옺나무 등 많은 나무가 있었지만, 실오라기 하나 걸치지 않은 적나라한 알몸이 된 뒤에야 눈에 들어온 것이다. 각양각색의 싱싱하고 화려한 옷들을 입고 있을 때는 미처 보지 못한 외모들이 자꾸만 걸음을 붙잡는다. 얼핏 보면 깡마르고 앙상하여 측은하다는 생각이 들다가도 그것이 스스로 택한 고도의 생존전략이라는 것을 생각하면 순간 마음이 경건해지게 된다.

돌아보면 얼마나 오랜 기간 꿈꾸며 잎사귀를 펼치고 조바심 속에 가지를 뻗으려 노력하였던가. 얼마나 자신의 몸집을 키우려 비를 맞았으며 오뉴월 찌는 더위에 작열하는 태양을 끌어안았던가. 게다가 힘겹게 꽃을 피워서는 이내 버리고 그 자리에 열매를 앉히고 씨앗까지 갈무리한 수고 또한 얼마였던가. 하지만 지금은 그 어느 하나도 남김없이 돌려주고 처음의 자세로 돌아가 휑하니 빈 하늘만 흔들고 서 있으니 말이다.

아마도 머잖아 오게 될 봄을 기다릴 것이다. 사람들에게도 쉽지 않은 새로운 출발을 위하여 나무들이 저토록 철저히 자신을 버리는 줄 짐작하지 못했다. 얼마나 자신을 통제하는 능력을 갖추었으면 그 화려했던 기억과 순간순간의 기쁨도 말끔히 비워내고 동안거冬安居에 들 수 있단 말인가. 마치 먹다 남은 음식 그릇 하나도 쉽게 비우지 못하는 나의 탐욕을 비웃기라도 하는 모양새다.

나는 살짝 언 강물이 내려다보이는 정자에 앉아서 그야말로 자연스럽게 늘어선 겨울나무를 읽어가다가 몇 문장 밑에 밑줄을 그었다. 푸르고 화려함이 곧 아름다움의 전부가 아니다. 나는 왜 자신을 비워서 채우는 저런 지혜를 헤아리지 못했을까. 버린다는 것은 결코 빼앗기는 것이 아니다. 그런데 왜 나는 막연한 그리움 하나도 버리지 못하는가. 살아있다고 꿈틀거릴 수 있는 찬바람이 훼방꾼이 아니다. 나는 정녕 나를 가로막은 장애물에게 고개 숙여본 적이 있었던가. 자랑삼지 않는다고 반드시 잊힌 것이 아니다. 잊힌다고 무의미한 것도 아니다. 그렇다, 나는 지금 너무 자기 존재와 존재의 위의에 경도되어 자신을 앵벌이로 내몰지는 않는지 모를 일이다.

거기에 덧붙여 보이지 않는 뿌리가 건강해야 줄기도 건강해진다는 행간에도 밑줄을 보탠다. 사람으로 비유하면 뿌리는 정신에 해당할 것이다. 정신이 건강해야 미래를 살아갈 지혜를 확보하게 된다. 죽은 듯이 산다고 해서 죽은 것이 아니다. 씨앗과 흙의 만남은 숙명이다. 바위 위에 떨어지면 뿌리내리지 못할 것이고 물속에 떨어지면 썩어버릴 것이다. 죽을 때까지 한 걸음도 움직이지 않지만, 나무들은 아무 불만도 없이 겨울의 눈보라를 이기고 신음을 삼키면서 마침내 자신을 이기고 천년을 살기도 한다.

나 역시 겨울나무처럼 살고 싶어 했던 때가 있었다. 하지만 언 땅에

발을 묻고 살아가기에는 찬바람과 눈보라 속에서 맨몸으로 버텨 겨울을 이겨낸다는 것은 함부로 흉내 낼 일이 아니었다. 봄부터 가을에 이르기까지 그 치열했던 삶의 기억을 깡그리 잊어버리고 힘겹고 무서운 외로움과 기약 없는 기다림을 이겨내기란 얼마나 힘든 일인가. 나는 슬그머니 겨울나무로 사는 것을 포기하고 겨울나무를 읽으며 살기로 생각을 바꾸었다. 그렇게 생각을 바꾸고 책을 덮자 발걸음이 한결 가벼워졌다.

흙의 마음,
농부의 마음

어릴 때부터 농사를 짓고 살아가는 모습에 길들여서인지 나는 비교적 일찍 도시를 탈출한 셈이다. 몇 그루의 매실나무를 기르고, 채소밭도 일구고 있지만 그렇다고 '귀농'이라고 말할 수가 없다. 더구나 '낙향'이라는 귀한 말을 붙일 수도 없다. 시를 쓰고 그림을 그리는 작업실을 농촌 마을 한구석으로 정한 것이기 때문이다.

다만 20년에 달하는 긴 시간을 보냈으니 급속한 도시화 · 산업화와 맞물려 쇠락해가는 농촌의 민낯을 송두리째 지켜볼 수가 있었다.

가장 크게 변화된 모습이라면 농촌에서도 흙을 디딜 곳이 많지 않다는 점이다. 웬만한 도로와 마을 길까지도 시멘트로 포장되어 온종일 흙을 딛지 않고도 생활 할 수 있다. 실제 논밭을 경작하는 이들마저 트랙터나 경운기에 앉아서 곡식을 심고 거두면 발에 흙 묻힐 일이 없다고 농담한다. 농부가 농사의 중심인 흙에서 조금씩 멀어지고 있다는 느낌이다.

어린 날 보아왔던 부모님의 농사법과는 나무나 달라져 있었다. 그때는 축담을 내려서는 순간부터 흙이었다. 아니 방안도 흙벽이었고 방바닥마저도 흙이었다.

흙은 곧 농사의 전부이기도 했다. 흙의 힘을 보강하려고 보리가 익을 동안 산에 가서 풀을 베다가 논에다 흩뿌려줬고 겨울에는 산 흙을 파다가 논밭에 뿌렸다. 유능한 농부에게는 필수적인 연례행사였다. 불과 40~50년 전의 우리네 농촌 모습이다.

그러나 요즘은 비료가 그 퇴비를 대신하고 각종 영양제와 작물보호제가 허약한 흙의 건강을 보완해주고 있다. 복더위에 몇 번씩이나 거듭하던 김매기도 전설이 된지 오래다. 그토록 많이 날아오던 제비가 사라지고 무논마다 힘이 넘치던 미꾸라지를 보기 어려워진 것도 흙을 소홀히 대한 것과 무관치 않다.

그나마 경작을 거들 일손이나 있으면 다행이다. 내가 사는 마을만 해도 50대가 한 명도 없다. 노동력을 잃어버린 노인들만 남아서 지키는 농촌의 미래가 무섭기도 하다.

나날이 변해가는 기후 온난화에 대비해 환경에 적합한 대체 작물은 누가 개발할 것이며 버려지는 농지는 또 어떻게 할 것인가. 이제 누가 남아 그나마 이 아픈 흙을 만져줄 것인지.

사실 흙의 마음은 정직할 뿐 계산이 서툴다. 콩을 심으면 콩을 자라게 하고 그대로 두면 이름 모를 풀꽃들을 키운다. 섣부른 진단으로 작물보호제를 남용하면 그 후유증이 어떨 것인가는 불을 보듯 뻔하다. 당장 내게 미칠 폐해가 아니라고 함부로 처방해 작은 이익을 보겠다는 태도는 흙만을 죽이는 것이 아니라 이 땅의 미래를 병들게 하는 어리석은 태도가 아닐 수 없다.

어느 날 비행기 창을 통해 이 땅의 농촌을 내려다본 적이 있다. 적어도 5할이 넘는 농토가 비닐에 덮여 있는 모습을 보면서 잠시 놀랐다. 조기 생산, 다수확, 관리 편이 등 한편으론 효율적인 국토 이용법이라 놀라워하면서도 다른 한편으로는 자연의 기운을 그대로 담은 제철 농산물로부터 멀어진다는 느낌이었다.

자연의 섭리에 따라 생산한 제철 농산물이 가장 몸에 좋다는 것을 알면서도, 조기에 농산물을 출하하지 않으면 소비자의 선택을 받지 못한다는 모순된 현실이 안타깝기만 했다.

지금 이 땅의 흙은 앓고 있다. 흙의 마음은 변하지 않았는데 농민의 마음이 예전과 같지 않기 때문이다.

농산물을 키워내는 흙은 인류가 정착 생활을 시작한 이래 수수만년을 이어온 생명의 근원이다. 수확량 증가와 작업의 편이성을 마다할 일은 아니지만 그렇다고 흙을 병들게 해서는 안 된다. 문명의 이기를 끌어들이되 흙의 건강성도 함께 증진하는 수고와 배려가 절실한 시점이 아닌가 생각된다.

흙은 우리네 생명의 터전이고 호흡이고 살이다. 흙에서 생산된 농산물은 마침내 우리들의 몸이 된다. 이제라도 흙을 건강하게 살려야 한다. 숨통을 막고 햇빛을 차단해 자정 능력을 잃게 해서는 안 된다.

흙은 결코 우리 시대만의 독점물이 아니기 때문이다. 자자손손 이어질 생명의 곳간이기 때문이다.

미루나무, 그 그리운 나라

먼 길을 가다가 숲을 만난다는 것은 행운이다. 거기에는 지친 다리를 쉬어가게 할 그늘이 있고 눈의 피로를 풀어줄 초록 잎새가 있고 마음을 쉬게 할 추억이 있기 때문이다. 숲, 그것은 공기를 정화해 맑은 산소를 공급해 주고 그림이나 문학의 소재가 되어주고 마침내 사람들의 부름에 공손히 다가가는 순종의 또 다른 이름인 까닭이다. 그러기에 예로부터 부유한 사람은 마당에 나무를 심었고 가난한 사람은 마음에 나무를 심었다고 하지 않았던가.

나 역시 마음에 나무를 심고 가꾸며 살아간다. 내가 언제부터 나무에 특별한 관심을 가지기 시작하였는지는 정확하지 않으나 아마도 어린 시절부터가 아닌가 여겨진다. 시골 강변에 살았던 환경으로 말미암아 주위가 온통 나무숲으로 둘러싸여 있었다. 감나무, 소나무, 전나무, 미루나무가 온 마을을 둘러싸고 있었기 때문이다.

그래서였는지는 몰라도 전원으로 화실을 옮기면서 당호堂號를 〈목언예원木言藝苑〉이라 붙였고 '나무의 말'木言에 귀를 기울이고자 하였던 것만은 분명하다. 어쩌면 문명이라는 인류의 과격한 침탈 앞에 놓인 자연의 운명에 대해 안타까움과 속수무책인 자신에 대한 일종의 자기 보신 또는 카타르시스였는지도 모른다.

내 기억 속의 숲 가운데서도 아름다운 자태로는 단연 미루나무였었다. 바람이 불면 바람에 흔들리고 바람이 불지 않으면 그리움에 흔들렸다. 언제나 사람보다 먼저 깨어 바람을 읽었고 사람보다 먼저 달빛을 불러왔다. 물소리에 귀를 열되 적막을 사랑하고 새를 불러 앉히되 붙잡아두지 않았다. 미루나무만큼 바람을 좋아하고 미루나무만큼 구름을 사랑한 나무를 본 적이 없다. 한 번도 바람을 붙잡고 늘어진 적이 없고 한 번도 구름에 붙잡힌 적이 없었다. 얻어서 버리는 일과 버려서 얻는 일을 구분할 줄 알았다.

숲은 언제나 고독한 구도자의 모습이다. 그 어떤 자연의 변화에도 역심逆心을 품지 않는다. 나무젓가락을 만들기 위하여 톱질해도 오래 묵힌 향기를 그 톱날에 묻혀줄 뿐이었다. 호드기를 만들기 위하여 가지를 꺾어도 순전히 껍질을 벗어 가냘픈 하늘의 소리를 들려줄 뿐이었다. 선 채로 죽음을 맞을지라도 꼿꼿한 그 결기와 위엄을 저버리지 않는다. 무시로 감당할 수 없는 욕심으로 깊은 수렁에 빠지곤 하는 우리와 비교하면 얼마나 지혜로운 모습인가.

물론 그런 자연의 섭리를 이해하기까지는 많은 시간이 필요하였다. 진작에 그 같은 자연이 주는 교훈을 깨우쳤더라면 하찮은 욕망에서도 허우적거리는 지금과는 다른 길을 갔을지도 모를 일이다.

그런데 지금은 이 땅 어디에도 그 미루나무 숲이 보이지 않는다. 여느 시골, 여느 강둑을 가도 몇 그루씩 줄지어 늘어서서 마치 작전지휘관처럼 한여름을 호령하던 그 풍경이 보이지 않는다. 불도저가 굉음을 내면서 강둑을 접수하면서 한 그루 두 그루 사라지기 시작하더니 이내 갖가지 추억마저도 함께 종적을 감추고 말았다.

사람들을 향하여 결코 어떤 무리한 요구를 한 적도 없고 결코 위협을 가한 적이 없었지만, 그들은 사람들로부터 격리되고 말았다. 백 번을 참아서 백한 번을 이기던 그 오랜 인내와 끈기와 지혜는 어디에서 만날 것인가.

지금 우리가 가는 길이 삭막하기 그지없다.

강물을 읽다

저무는 강가에 나와 눌연訥淵의 수면을 마주하고 앉는다. 해는 서산 마루에 지친 무릎을 세우고 서둘러 잎을 버린 겨울나무들 또한 물속으로 걸어 들어가 나보다 먼저 제자리를 잡기 시작했다. 갈대는 바람의 기미를 읽고 새들 또한 어둠의 두께를 가늠하며 쉴 곳을 찾아들었다. 부산하던 하루를 정리하고 모든 물상 하나하나가 제자리로 돌아가는 이 같은 시간과의 조우야말로 시골살이의 선물이 아니랴.

돌아보면 20년 전 내가 이곳에 매료되어 터를 잡고 작업 공간을 만든 실마리를 제공한 곳이 이 눌연 아니던가. 눌연, 흘러가던 강물이 한 번 더듬어서 다시 흐른다는 의미에서 붙여진 작은 소沼의 다른 이름이다. 일찍이 벼슬자리를 마다하고 시문과 풍류를 즐기며 '운문구곡'을 경영하였던 소요당 박하담 선생의 시구 가운데 나오는 지명이다. "강물이 말을 더듬다니……" 시나브로 지나는 곳이면서도 그때마다 소름이 돋을 정도로 기막힌 착상에 고개를 숙이게 하는 사유의 서책 공간이다.

사실 처음에는 변화무쌍한 자연을 화폭에 옮기고 시상을 원고지에 옮기기에 차별화된 경승이라는 느낌으로 다가섰다. 더하여 '무이구곡'을 경영하며 자연에 동화하고자 한 주자나 그의 정신을 계승하고자 한 율곡과 퇴계의 자세를 모방해도 좋을 것 같다는 생각이었다. 하지만 단 한 번도 같은 모습을 재현하지 않는 강을 관찰하면서 생각이 조금씩 바뀌었다. 책으로 묶어진 논리적 가치에서는 찾을 수 없는 신령한 질서를 체감하면서 기존의 책을 덮어야 한다는 것을 느꼈다. 기존의 질서를 논리적으로 기록한 것이 종이책이었다면 자연은 미래를 향한 지혜의 보물창고와 같은 책이었기 때문이다. 그렇게 강물은 내게로 오면서 단순한 풍경이 아니라 마치 불립문 경전과 같은 배역을 감당해 주었다.

잠시 지나간 시간을 뒤적이는 동안에도 물색은 더 무거워지고 목소리를 조금씩 키우고 있었다. 내가 쉽사리 내려놓지 못한 섭섭함이거나 매듭짓지 못한 작품의 방향, 심지어 현기증을 일으킨 부고 같은 것에도 아랑곳하지 않았다. 오로지 자신이 헤집어놓은 상처를 어루만지며 아래로 아래로 흘러갈 뿐이었다. 나는 좀 더 적극적으로 물의 책장을 넘기었다.

강물은 서로 먼저 내려서서 키 높이를 맞추어 왔다. 누가 먼저랄 것도 없이 수수만 년 내려서고 또 내려서서 키를 자랑삼지 않았다. 강물은 맑은 물과 더러운 물을 분별하지 않았다. 붉은 물과 푸른 물이 손을 덥석 잡고 하나 되어 서로를 밀어내지 않았다. 강물은 장애물을 핑계로 역류하지 않았다. 작은 돌이 가로막으면 작은 소리로 노래하고 큰 바위가 가로 놓이면 큰소리로 노래할 뿐 함부로 좌절하지 않았다. 언제나 삼가며 생명의 젖줄로서 삼라만상을 일으켜 세우지만 스스로 빛을 내세우지 않았다. 함부로 시기하지 않으며 어설픈 분별로 갈등을 일으키지 않았다. 그러기에 "상선약수上善若水"라 하지 않았던가. '가장 좋은 것은 물과 같다'라는 뜻으로 풀이되겠는데 노자老子의 『도덕경』 8장에 나오는 구절이다. 그렇다. 물이 지닌 겸손과 공평과 본질 불변의 완전체야말로 남에게 이로움을 주는 삶의 가치 덕목이자 이상적 실천 과제가 아니랴.

강물의 책은 이처럼 객관식이 없는 주관식 문장이다. 함부로 읽으면 세상이 혼탁해질 것이고 지혜롭게 읽으면 사람이든 물이든 아래로 흐르고 흘러서 하늘에 이르기 마련이다.

흙의 마음

며칠 못 본 사이에 화실 마당이 온통 색색의 물감으로 칠한 꽃밭으로 바뀌었다. 한쪽으로는 키 작은 제비꽃이 특유의 자존심을 보랏빛에 담았고 다른 한편에는 질투의 노란 민들레가 빼곡히 자리 잡았다. 또 그 옆으로는 야윈 발을 포개고 수줍게 고개를 내민 희고 노란 냉이꽃이 아무렇게나 어우러졌다. 주변의 모습들에 한 치의 동요도 없이 자신의 모습만을 환하게 드러낸 것이다.

전원생활 10년, 차츰 자연에 길들어 간다고 믿었지만 언제나 봄은 이렇게 나를 놀라게 하며 다가온다. 굳이 어떤 학습의 도움 없이도 제각기 때맞춰 무언가를 준비하고 어딘가에 있을 절정을 향해서 가고 있는 이 같은 모습은 아름답다 못해 거룩하다.

모두가 흙이라는 공간이 봄이라고 하는 시간과 만나서 만든 절묘한 화폭이다. 흙은 모든 생명을 탄생시키고 키워내고 꽃 피워 열매 맺게 한다. 흙은 세상이 버린 모든 찌꺼기를 거두어 새롭게 거듭나게 하고 흙은 또한 모든 생명을 편히 쉬게 한다.

요즘은 자연에 나와서 산다고 하면서도 흙을 밟기가 쉽지 않다. 도심지에서 차로 한 시간이나 떨어져 있는 전원 작업실임에도 한 발자국도 흙을 밟을 수 없도록 모든 길은 시멘트로 발라져 있다. 사람들은 왜 이토록 흙을 멀리하려는 것일까. 어쩌면 우리 기성세대들의 8할이 농사를 지었던 터라 흙 자체가 몸서리쳐지는 대상이었던 탓은 아닐까. 그런 생각을 할 때마다 마음 한구석이 작은 통증으로 일어선다.

사실 우리는 오랫동안 흙과 고향을 같은 대상으로 여겨왔다. 그래서 고향을 어머니의 땅, 모토母土라고 하고 조국을 모국母國이라고 부르기도 한다. 통일신라 시대에 이미 황룡사 9층 목탑을 지을 수 있는 목

조건축 기술을 지니고서도 우리네 조상들은 사람이 등을 붙이고 자기 위해서 이층집을 짓지 않았다.

세상에서 진실로 소중한 것은 모두가 공짜라고 하였던가. 생명이 그렇고, 생명을 숨 쉬게 하는 물과 햇빛과 공기가 그렇고, 그것들을 지켜주는 흙이 또한 그렇다. 흙은 결코 결과만을 목표로 하지 않는다. 흙을 다시 보아야겠다. 흙의 마음을 다시 읽어야 하겠다.

아무리 여러 개의 깃발을 꽂았다 할지라도 삶은 다만 하나의 과정이 아니겠는가. 이 아름다운 봄, 절정보다는 절정에 이르는 과정을 더욱더 사랑하는 흙의 마음을 배워야겠다.

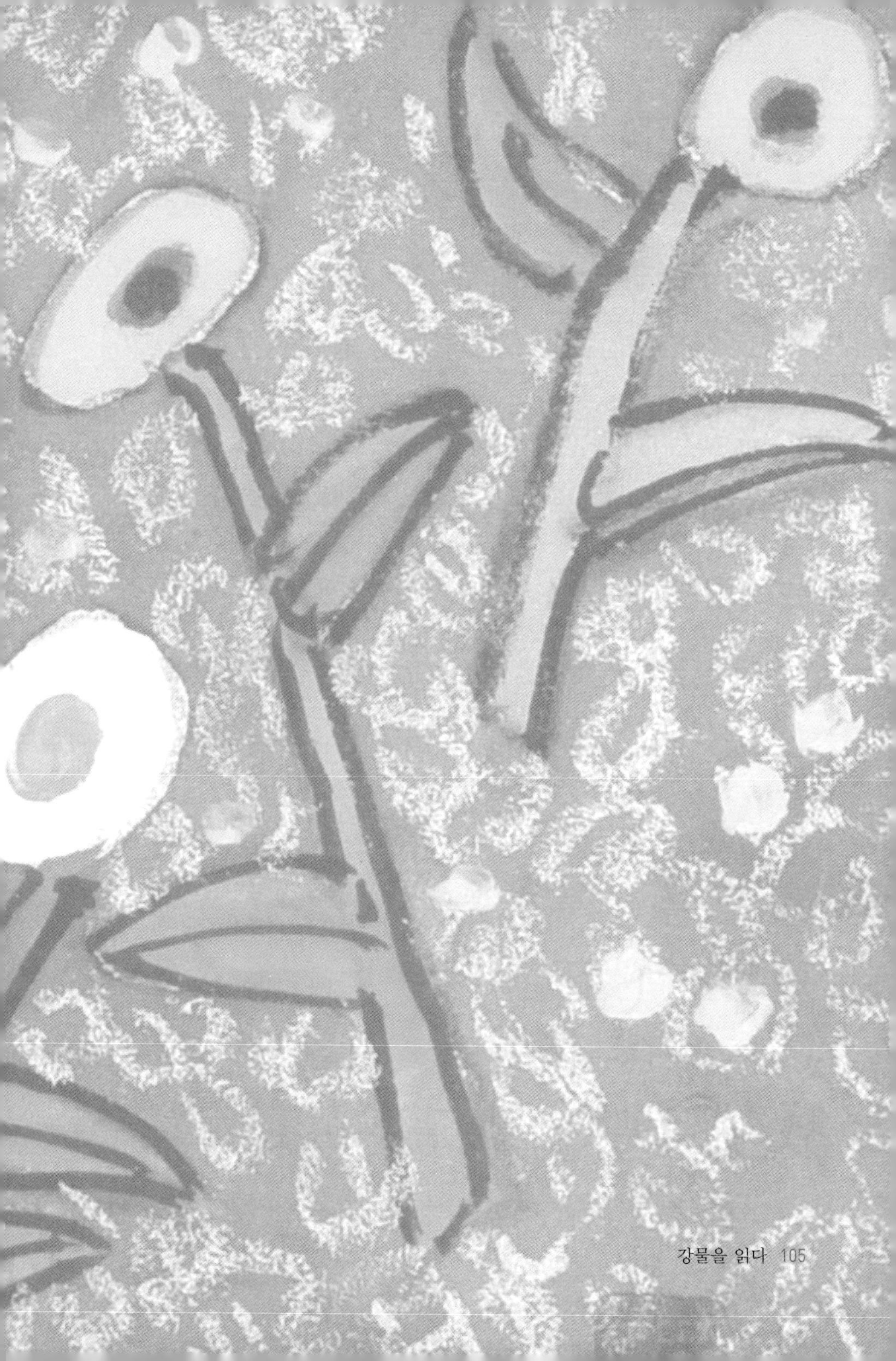

류상덕 선생님 영전에

―삼가 명복을 빕니다

도도한 민족시의 물결을 거머쥐고 이 땅에 울울창창한 시조의 숲을 가꾸신 해안 류상덕 선생님, 오늘 우리는 선생님과 이별을 하려고 이 자리에 모였습니다.

그렇지만 아무리 되짚어 봐도 도무지 실감이 나지 않습니다. 자꾸만 저 뒷문을 열고 "지금 무슨 짓을 하고 있냐?"며 불쑥 들어오실 것만 같은 생각이 듭니다.

아무리 '손뼉 칠 때 떠나라'라고는 하지만 이렇게 순식간에 떠나시면 남은 이들의 황망은 또 어쩌라는 것입니까? 그토록 사랑하던 가족들에게 남겨진 놀라움과 슬픔을 어찌 감당하라고 이토록 매정하십니까?

하지만 선생님, 만남은 이별을 전제로 한 것이기에 영원한 안식의 자리로 떠나신 선생님을 우리들의 힘만으로는 말릴 수가 없습니다. 그저 선생님이 걸어오신 길을 잠시 더듬어 볼 따름입니다. 그리고 선생님의 삶은 정말로 뜨겁고 열정적이었다고 말씀드릴 뿐입니다.

다정다감하고 자상하시어 늘 가슴 한편에 그리움을 감추고 사신 감상주의자였다고 말할 수밖에 없습니다. 다만 그런 선생님과 함께한 세월이 행운이었다고 말할 따름입니다.

돌이켜보면 제가 선생님을 처음 만난 때가 1976년이었으니 이미 40년이 넘었습니다. 〈낙강〉에 들어가 처음 선생님을 만나 뵈었을 때의 느낌은 에너지 넘치고 적극적이고 따뜻하고 단호한 결의를 지니셨습니다. 그리고 그 이미지는 평생토록 변하지 않으셨습니다.

20대에 이미 시조로 두각을 나타내셨고 〈영남시조문학회〉의 창립 회원으로 대구, 영남 시조 문학의 중심자리를 지켰습니다. 많은 시조집도 내셨고 여러 단체 활동에도 몸을 사리지 않았습니다. 그런 업적들이 평가받아 〈한국문학상〉, 〈이호우시조문학상〉, 〈대구시 문화상〉 같은 굴지의 문학상들도 받으셨습니다.

오늘따라 선생님의 시편들이 그리움 속에 더욱 절절히 다가옵니다.

이별하고 돌아서도 그립단 말 가지지 말자.
병이 들어 몸을 눕힌 짐승처럼 엎드려서
눈 감아 울면은 되지, 무슨 생각 또 할건가
　　　—「비우고 또 남거든」 첫수

혀를 물고 마지막이라는 말 한마디를 하기에는
아직은 너무 일러 가로등이 빛나는 밤
쓸쓸히 대답도 않고 하염없이 떠도는 걸세.
　　　—「마지막이라는 말을 하기에는 너무 이르다」 다섯째 수

이토록 여린 마음을 지니고 사신 선생님, 류상덕 선생님,

이제 시간과 공간을 초월한 자유로운 영혼이 되셨으니 늘 그리워하던 이호우 선생님이나 이영도 선생님도 만나시겠지요. 술자리마다 되뇌시던 이우출 선생도 만나고 김이주 시인이나 아니면 혹시 김몽선 시

인을 만날 수도 있겠지요. 이제 이 땅에서의 일은 모두 접으시고 그분들과 의논하시어 대구 시조의 새로운 길을 열어주시기 바랍니다.

지난해 세워진 시비 앞에서 그토록 기뻐하시던 모습이 눈에 선연한데 꽃피는 봄날 다시 한번 가보자던 약속을 지키지 못해 죄송합니다.

류상덕 선생님, 편안히 잠드소서. 이것이 이승에서의 마지막 인사인 것 같습니다. 삼가 두 손 모아 명복을 빌며 남은 유가족에게도 신의 가호가 함께하기를 기원합니다.

2017년 1월 6일

(사) 한국시조시인협회 이사장 민병도,

揖哭再拜하고 영전에 바칩니다

잃어버린 **나**를 찾아서

03

잃어버린 나를 찾아서 — 21세기의 길목에서 — 가을, 그리고 대둔산 — 미술의 해를 보내며 — 버려서 채우는 깨달음의 풍경소리 — 그리운 성산포 — 소월素月의 달 — 추사를 따라 걷는 단산과 산방산 — 흔해서 더 좋은 꽃, 개망초

잃어버린 나를 찾아서

자연 속으로 화실(목언예원)을 옮기면서 나는 지금까지 가졌던 내 생각들을 하나하나 검증해보기 시작하였다. 흐르는 강물에서, 흔들리는 풀꽃에서, 찬연한 달빛에서, 그리고 정좌正坐한 겨울 산에서 도시적 사고思考의 한계와 오류들을 가려내고자 하였다.

아직은 비록 짧은 기간이지만 강변을 산책하거나 혹은 풀밭에 앉아서 여태껏 내가 축적해온 책 속에 갇힌 지식을 하나하나 풀어주면서 어느새 내 생각에도 조금씩 풀물이 들고 나의 사유에도 희미하게나마 달빛이 스며들기 시작하였다.

뭐니 뭐니 해도 전원생활이 준 가장 큰 선물은 강물이 아니었나 생각된다. 공교롭게도 화실의 서창 아래로 발원지가 다른 두 개의 강물이 합쳐지는데 나는 합쳐지는 물소리의 조화에 많은 시간을 빼앗기곤 하였다. 큰물이라도 나는 날이면 한쪽은 맑은 물이 흐르고 다른 한쪽은 붉은 황토물이 흘러들었다. 그런데 그 두 개의 물줄기는 잠시의 망설임도 없이 금세 하나가 되어 자신들이 만든 오래고 긴 상처를 따라 유유히 흐르는 것이 아닌가.

그것은 분명 상대를 거부하지 않는 거룩한 포용이다. 그것만이 아니다. 강물은 또 모든 생명의 근원이다. 풀들을 일으키고 나무들을 자라게 한다. 너무 많으면 그 생명을 썩게 하고 너무 모자라면 그 생명을 말라서 죽게도 하면서 말이다.

내가 지닌 지식 또한 때로는 나를 현명하게 할 것이다. 그러나 그것도 쓰임새가 없이 넘치면 교만해지고 모자라면 어리석게 될 것이다. 빛도, 소금도, 돈도, 사랑도 마찬가지다. 모자라도 병이요, 넘쳐도 죄가 됨을 어찌 다르다 할 수 있으랴.

전원에서 얻은 또 하나의 소중한 선물은 그동안 잊어버린 채 살아온 달과의 재회가 아닌가 한다. 전깃불이 없던 어린 시절, 배고픔마저도 잊을 수 있게 해주었던 그 달빛을 다시 만났다는 것은 마치 내가 유년의 한가운데 서기라도 한 것처럼 설레고 가슴 부푼 일이 아닐 수 없었다. 어쩌면 바위라도 뚫을 듯이 투명하고 창연한 빛의 살들이 세상의 허튼수작들을 일시에 무력화시켜버리곤 했다.

그랬다. 자연에서 마주치는 모든 순간은 하나같이 사유의 시험 무대와 같았다.

뜨락에 놓인 물 실린 돌확 속으로 풀씨 하나가 떨어졌다. 며칠을 괴로워하다가 끝내는 생명을 포기하고 말았다. 또 다른 풀씨 하나는 바위틈에 떨어졌다. 싹을 틔우기가 너무나 힘이 들었지만 감사하게 싹을 틔우고 뿌리를 내렸다. 비록 그 생명에 대한 아무런 담보는 없었지만, 그 모습은 경건하기가 이를 데 없다. 그것은 자연이 주는 하나의 숙명이다.

그러나 그것은 바꾸어 생각하면 인간만이 그 환경의 숙명적 지배를 벗어날 수 있는 위대한 능력을 지니고 있다는 반증일 뿐이다. 실제로 인간만은 자신의 의지로 그 최악의 조건들로부터 뒤바꿀 수 있는 우월한 능력을 지니고 있다. 거듭나기를 할 수 있다는 의미이다. 부모로부터 물려받은 환경에서 자신이 원하는 새로운 탄생이 가능하다는 것이다.

그렇다고 거듭나기 그 자체만으로는 경외敬畏의 대상이 될 수가 없다. 자신을 스스로 경영하는 힘을 지녀야 한다. 사실 조금만 시간을 갖고 마치 누군가의 원격조정에 의해서 움직여 온 듯한 도심에서의 일상을 되돌아보면 나도 때로는 나에게 남이라는 섬뜩한 생각이 들 때가 있다. 그럴 때는 좀 더 자신을 사랑하지 못했다는 자책으로 상처받기도 한다.

문득 내가 아니면 아무것도 아닌 나를 만나고 싶다. 나를 버려야 진정한 상생의 자아를 만날 수 있다고 하였다. 여태껏 대부분은 나를 버리면 남에게 무시당하고 남에게 짓눌려버린다는 피해 의식에 사로잡혀 있지만, 실상은 전혀 그렇지가 않다는 것을 자연은 친절히 설명해 준다.

사과나무가 물을 먹으면 사과를 맺고 동백꽃 나무가 물을 먹으면 붉은 핏빛의 꽃이 열린다. 소가 물을 먹으면 우유를 만들고 뱀이 물을 먹으면 독을 만든다. 문제는 물에 있는 것이 아니라 자신의 참모습에 있을 따름이다. 그 더러운 진흙탕 속에서 티 없이 맑고 깨끗하게 솟아

오르는 연꽃을 보면 알리라. 그 어디에 진흙이 묻었으며 그 어디에 썩은 흙냄새가 나는가. 항상 그대로인 정형의 나는 이 세상 어디에도 없다.

내가 나를 잃어버리고 언덕길을 걷다 보면 그동안 사라져 보이지 않던 내가 부지기수로 늘려 있음이 언제부턴가 눈에 들어오기 시작했다. 하얀 꽃대를 흔들고 서 있는 냉이도 내 쓸쓸한 한때의 모습이요, 강변에 나뒹구는 돌멩이 하나하나도 내 모습과 다르지 않았다. 한 방울의 이슬에도 우주는 본디의 경건함으로 설레고 있고 한 줄기의 실바람에도 지상의 그리움이 묻어 있는 것이었다.

실상實相에 대한 탐구와 불이不二에 대한 자각이 모든 것들을 새롭게 하였다. 쏟아지는 빗속에도 별이 보이고 먹구름 속에서도 그대로인 해를 생각하게 하였다. 지명知命에 이르러서야 삶의 지우개를 인정하게 되었다. 지우개를 지닌 삶이라야 정직한 길을 갈 수 있다는 것도 깨달았다.

이제는 마음에서 가슴으로 삶의 잣대를 바꾸지 않으면 안 될 것 같다. 그리하여 소중한 생명의 대가를 엄정하게 지급해야겠다. 세상에는 공짜가 없다. 사람의 삶에도 반드시 지불해야 할 대가가 있기 마련이다. 땀을 흘려야 하고 굶주림을 이겨야 하고 병마와 싸워야 하고 때로는 이웃과의 경쟁에서 이기기도 해야 한다.

〈월인천강〉이라 했다. 세상에는 하나의 달이 존재하겠지만 천 개의 강에는 천 개의 달이 비치기 마련이다. 이 아름다운 봄날, 다만 모든 사유思惟가 시조라는 이름의 민족유산으로 내 안에서 거듭나기를 꿈꿀 따름이다.

21세기의 길목에서

21세기를 목전에 두고 우리는 지금 다시 한번 정신적 갈등과 육체적 고통을 함께 겪고 있다. 17세기를 앞두고는 임진왜란을 겪어야 했고 20세기 진입 때에는 일제 침략의 실마리가 된 동학란을 경험해야 했던 우리로서는 21세기를 앞둔 지금 또다시 IMF 관리라는 전혀 예기치 못한 시련을 겪고 있다.

한때 한강의 기적이라고 불리던 우리 경제의 몰락은 과연 어디에서 비롯된 것일까. 그것은 외형성장 일변도의 거품경제 그 자체에도 문제점이 있지만 보다 근본적인 요인은 잘못된 관행이나 도덕 불감증과 같은 정신의 부패에서 기인하였다고 보는 것이 옳을 것이다. 정신의 부패는 결과적으로 문화의 부재로 나타나기 마련이다. 따라서 IMF 지배라고까지 표현하는 국제구제금융의 관리를 몰고 온 가장 큰 요인은 바로 건강성과 비전을 지닌 우리 '문화의 힘'이 그만큼 부족했다는 데서 찾아야 할 것이다.

'한국의 IMF 관리는 한국문화의 이미지 부족 때문'이라는 어느 외국 인사의 지적에서도 볼 수 있듯이 오늘날 우리나라가 대외적으로 지닌 문화의 힘은 그야말로 미약하기 짝이 없다. 우리가 그토록 말로만 부르짖은 선진대국에의 꿈은 결국 문화예술의 번영과 운명을 함께 해야 한다는 교훈으로 남게 된 것이다.

한 나라의 경제력이나 국방력을 육체에 비교한다면 예술이나 철학은 그 육체를 움직이는 정신에 해당한다. 그리고 그 정신의 꽃과 열매는 곧 그 나라의 문화로 다가오는 21세기의 국력의 절대적 요소로 자리매김할 것이다. 세계적으로 대국이라고 평가받는 나라 치고 독자적인 문화를 갖지 않은 나라가 없다는 사실을 보더라도 위정자들의 문화에 대한 인식이 바뀌지 않으면 안 된다.

우리는 과거 여러 차례 국가적인 위기상황에서도 이 '문화의 힘'은 절대 저버리지 않았다. 몽골의 침입 때에도 〈팔만대장경〉을 새겼고 암울했던 일제 침략기에도 민족시는 오히려 찬란한 빛을 발했었다. 그런데 지금은 어떠한가. 과거 우리 정부는 한결같이 우민성 문화정책, 선심성 예술 회유라는 권력 연장의 한 수단과 도구쯤으로 이용해 온 것이 숨길 수 없는 사실이다.

지금 우리는 우리 문화의 실체를 정확히 진단하고 그에 따르는 바람직한 처방을 내려야 할 여러 가지 상황들을 한꺼번에 맞고 있다. 21세기를 눈앞에 두고 있다는 점에서도 그렇고 IMF라는 국가적 구조조정이라는 상황, 그리고 50년 만에 정권이 교체된 여러 가지 필요조건을 고루 갖추고 있다. 그리고 또 4년 후에는 월드컵 축구대회를 열기로 예정되어 있다는 점 또한 그렇다.

너무 성급한 판단이며 우려일지는 몰라도 다가오는 월드컵 때는 또 우리 문화의 어느 시대를 보여줄지에 대한 걱정을 많이 한다. 88올림픽 때 우리는 우리의 눈부신 전승 문화를 보여줌으로써 세계인들의 이목을 집중시키기에 충분했었다. 그러나 냉정히 되짚어 보면 우리는 유감스럽게도 과거의 문화상품을 제외한 현재의 문화양식을 하나도 보여주지 못했던 아쉬움을 지니지 않을 수 없었다. 바르셀로나 올림픽에서 스페인이 내보인 것은 세계적인 화가 피카소와 호세 카레라스 같은 성악가였고 로스앤젤레스 올림픽에서는 미국의 첨단과학과 초현대적인 예술혼을 보여주었다. 두 나라 모두 현실적 정서에 비중을 두었다면 우리는 다분히 과거 지향적인 정서에 초점을 맞추었다는 것이 차이점이라고 할 수 있을 것이다.

우리는 지금이라도 다음과 같은 진단과 처방에 접근하지 않으면 안 된다. 우리는 지금 민족문화의 정체성을 상실해가고 있다. 실체와 거품을 분별하지 못한 경제 만능 물신주의의 방치로 개인주의와 이기주의가 팽배하여 정신은 황폐해지고 모두가 사회공동체적인 이익을 외면해 버렸다. 〈문학의 해〉니 〈사진영상의 해〉니 하는 행정편의주의의 문화정책을 개선해야 하고 잘못된 세계화의 개념 도입으로 한글문화만 황폐화한 결과를 낳고 말았다. 아직도 예술의 중앙편중이 해소되지 못하였고 결론적으로 시가 죽은 사회, 철학이 외면받는 사회라는 진단을 피할 수가 없다.

그리고 그 처방전에는 또한 반드시 이러한 단서가 전제되어야 할 것이다. 행복이라는 열매를 얻기 위해서는 눈에 보이는 나무도 나무지만 그 뿌리의 건강성이 전제되어야 한다. 그러나, 그보다 더욱 중요한 것은 그 뿌리에 자양분을 공급하는 토양이다. 기름진 문화의 토양부터 만들어야 한다.

문화는 자연발생적이어야 생명력이 강한 법이다. 과도한 수혈이나 영양분의 편중은 기형문화를 낳게 마련이다. 과거 체육과의 동거라는 몰상식이나 잔칫상도 제대로 준비하지 않은 채 손님부터 초청하는 꼴이 되어버린 지금의 관광과 동거도 결코 바람직한 접근이 아니다. 우리는 마키아벨리의 '우민화'도 경계해야겠지만 경제 위기를 빌미로 한 문화에 대한 방조는 더더욱 위험한 발상임을 자각해야 한다.

21세기는 분명 문화의 세기가 될 것이다. 군사력이나 경제력만으로 국력을 좌우하던 시대는 끝이 났다. '문화의 힘'이 곧 국력을 좌우한다는 사실은 영화 〈쥬라기 공원〉이나 〈타이타닉〉을 제작, 천문학적인 이익을 실현하고 있는 미국의 예 하나만 보더라도 충분히 짐작되는 부분이다.

21세기로 가는 길목에서 우리는 문화예술에 쓰는 돈이 우리 민족의 미래를 담보한 가장 확실하고 안전한 투자임을 인식하지 않으면 안 될 것이다.

가을, 그리고 대둔산

가을에는 길을 떠나야 한다. 평소에 보아 두었던 낯익은 길이라도 좋고 목적지가 없어도 좋다. 창밖에는 비가 내려도 좋고 데이비드 렌즈의 'RETURN TO THE HEART'나 안드레아 보첼리의 'CON TE PARTIRO" 같은 음악이 함께 있는 길이라면 더욱더 좋으리라.

가을에는 돌아올 수 있을 만치는 떠나가서 세상을 보아야 한다. 좋은 사람이 함께 해도 좋고 고독과 함께라면 더욱더 좋으리라. 제자리로 돌아가는 마른 풀잎들의 뒷모습을 보며 한 편의 시를 써도 좋고 애써 지은 시를 지워버려도 좋다.

낙엽 지는 가을에는 내가 나를 만나러 가야 한다. 새들을 따라 강을 건너 산의 곁으로 가야 한다. 일 년 내내 남남을 만나느라 버려둔 나를 내가 만나야 한다. 세상의 어느 한 곳에 던져진 종이비행기처럼 가슴 찢기고 날마다 등이 굽는 우리, 가을에는 다시금 날아오를 수 있는 금빛 날개를 달아야 한다.

풀잎의 곁으로, 나무의 곁으로, 다시 산의 곁으로 다가서서 보면 짐작하게 될 것이다. 아무도 말해주지 않지만 어디가 길이며 무엇이 수렁인지를. 그리고 흔들리는 꽃대 앞에 서서 미소를 지을 것이다.

나는 이 꽃대 앞에서의 미소를 꿈꾸며 나무 앞에 화폭을 펴고 산 앞에 붓을 태우며 붉게 붉게 산이 솟아오르는 가을이면 나는 시간과 공간을 넘어 함께 타오르고 함께 꺼져가곤 한다.

오래전 어느 해 늦가을, 나는 홀로 대둔산을 올랐었다. 비가 오는 날씨임에도 불구하고 사진으로 만나왔던 대둔산의 유혹이 나를 말리지는 못한 것이다. 산 입구에는 안개가 눈앞을 분간하기 어려울 지경이었고 사람은 보이지 않았다. 산길을 따라 빗물이 작은 강이 되어 흘러내렸고 색깔을 드러내지 않는 잎새들은 마치 명상에 잠긴 듯 침묵했다. 한낮이 될 때까지 어둡고 춥고 무거운 비는 계속되었다. 나는 높이가 50m가 넘는 금강 다리를 건너고 철계단을 지나 가까스로 산정에 올라 날이 들기만을 기다렸었다.

그렇게 산정에서 비를 맞으며 기다리기를 두어 시간, 안개가 순식간에 걷히면서 남쪽 하늘부터 푸른색을 띠기 시작했다. 혹시나 했던 기대가 그러나 현실로 바뀐 것이다. 형형색색의 봉우리들은 앞다투어 솟았다가 가라앉고 멀어졌다가 다가오기를 계속하였다. 그야말로 대화엄大華嚴의 장이 펼쳐진 것이었다. 나의 존재나 인식 같은 것은 다만 하나의 허상에 불과하였다. 나는 연필이나 붓을 들 생각을 전혀 하지 못한 채 황혼이 될 때까지 산정에서 발을 움직일 수가 없었다.

그해 가을 나는 두 번을 더 대둔산에 올랐다. 그러나 정작 그림으로는 나타낼 수가 없었다. 과연 내가 본 것은 무엇이었던가? 대둔산은 산으로 내게 다가오지 않았다. 그것은 하나의 자연, 하나의 우주로 다가온 것이었다. 하나의 질서, 하나의 철리哲理로 내게 온 것이었다.

그로부터 십 년도 더 지난 지금에 와서야 나는 대둔산을 산으로 바라볼 수 있었고 화폭에다 옮길 수 있었다. 설악산 공룡능선에서의 경험이나 월출산을 처음 만났을 때의 느낌도 이와 하나도 다르지 않았다. 결국, 내 그림은 나에게 보이는 산을 보이는 대로 그리는 일이 아니었다. 하나의 산이 내 안에 들어와 완연한 자태를 보여주기까지에는 오랜 시간이 필요했다. 그것은 산이 높고 웅장할수록 더욱더 두드러졌다.

어쩌면 내가 자연을 그리는 것은 나 스스로 자연의 한 부분으로 돌아가는 훈련의 과정인지도 모른다. 내가 나무를 그리고 있는 동안 나는 한순간 나무가 되고 산을 그리는 동안 그 짧은 한순간 나는 산이 될 수 있었다. 흐르는 계곡물을 그릴 때는 함께 따라 흐르는 나를 볼 수 있었고 낙엽을 그릴 때는 거룩한 소멸의 이치도 배울 수 있었다. 오랜 시간을 건너 비로소 하나의 산이 내 안에 자리 잡게 되는 것이다.

미술의 해를 보내며

우리는 누구나 문화민족이라는 일컬음에 긍지를 느끼게 된다. 또한, 나름대로는 스스로 문화시민이라고 자처하고 싶어 한다. 그것은 인간의 삶을 단순한 생명의 지속이 아니라 보다 이상적인 가치의 실현이라는 질적인 차원에서 의미화한다는 뜻이기도 하다. 이 '문화'라는 말속에서 우리는 우선 평화의 의미를 찾고자 하고 미래지향적이고 창조적인 여유와 삶의 즐거움을 구해 왔다고 볼 수 있을 것이다. 인간의 역사가 시작된 이후 시종일관해온 이 문화에 대한 지향이 그러나 그때마다 '비문화'적인 장애 요인들에 의해 좌절되기도 해왔지만, 그것은 언제까지나 포기할 수 없는 인간의 영원한 희망으로 자리하고 있다.

문화, 그중에서도 '미술 문화'는 인간의 시각에 직접적으로 호소하는 장르이니만큼 인간의 감정에 미치는 영향이 실로 지대하다고 말할 수 있을 것이다. 거기에는 우리 인간이 살아온 삶의 이상이 고스란히 투영되기 마련이고 지역이나 계층, 또는 종족 간의 소망이 극명하게 차별화되어 나타나기도 한다. 그리고 그것은 인간이 스스로 창조해내는 이상적 환경으로서 미래를 위한 가장 높은 예비조치의 하나가 될 것이다. 우리가 미술 문화의 중요성을 강조하는 까닭이 바로 여기에 있다.

"아름다운 마음, 아름다운 생활"을 표어로 생활 속의 미술, 미술의 생활화를 표방했던 〈'95 미술의 해〉가 어느덧 역사 속으로 저물어가고 있다. 물론 한 나라의 미술 문화가 행정부의 한시적인 지원이나 구호에 의해서 좌우되지는 않을 것이다. 그러나, 기왕 〈미술의 해〉로 설정한 이상 우리 미술의 과거를 냉정히 돌아다보고 현재의 시점에서 미래를 대비하는 올바른 진단과 처방을 마련하는 계기는 될 수가 있었을 것이다.

그러나, 1년이 지난 현재 미술과 관련한 국민의 인식은 과연 얼마나 달라졌는가. 우리는 그저 〈광주 비엔날레〉를 개최했다는 기억 정도로 만족하고 있을지도 모른다. 그것도 각종 TV 매체들이 2개월이 넘도록 아침저녁으로 보도해 준 영향 때문일 것이다.

〈광주 비엔날레〉만 해도 그렇다. 현재 우리네 미술 문화의 왜곡 현상은 '미술이 특수층의 전유물'로 인식되고 있다는 데 있을 것이다. 그런 상황에서 우리로서는 상상하기조차 어려운 180여억 원의 경비로 치른 행사가 어쩌면 '또 하나의 특수한 층 간의 메시지'로 인식되지나 않았을까 하는 우려가 적지 않았다. 서울 올림픽이 세계를 향해 마음껏 우리 문화를 알려준 계기가 되었다면 〈광주 비엔날레〉는 세계 속에 우리가 어떻게 적응할 것인가를 고민한 대목이 아닌가 싶다.

우리는 이날까지 우리 민족의 속성에 걸맞은 문화 전통을 쌓아왔다. 그것이 민족의 긍지일지언정 결코 폄하 시켜야 할 치부는 아니다. 다만 오늘날에 이르러 서구 물질문명의 질주와 그 속도감에 너무 지나치게 현혹되고 있는 것 같다.

그렇다면 대구 미술계는 과연 어떠한 일들을 해왔는가. 미술협회의 회원만으로도 750여 명인 대구 미술계의 〈미술의 해〉 또한 구호 이상의 특별한 이슈나 성과를 말하기는 힘들다. 대구 미술협회로서는 〈한일 교류전〉, 〈한 중 교류전〉 같은 국제전을 유치하는 외에 기존에 계획되었던 행사를 내실화하는 쪽으로 진행되었다. 그것은 〈미술의 해〉에 따른 특별예산이 편성되지 못한 단체로서의 한계이기도 하고 사전에 기획하고 준비할 충분한 시간 여유가 없었던 까닭이기도 하다. 물론 미술인들 스스로가 기대하고 요구하는 차원이 아닌, 순수한 베풂과 공유의 차원에서 접근하지 못한 아쉬움이 없는 것은 아니나 그것은 전체 미술인들의 공감대 위에서나 가능할 부분이다.

후기산업사회에 사는 오늘날의 미술 문화는 분명히 문화산업으로 자리매김하지 않으면 안 될 것이다. 오늘날의 미술에서 순수한 아마추어리즘을 강요할 수는 없다. 수요의 확대야말로 격조 높은 공급을 창출할 수 있게 마련이다. 대구 미술계에는 "예술은 없고 상술만 있다"라는 어느 언론의 지적도 있기는 했지만, 그러나 공급이 수요를 우선하는 경쟁 논리는 설득력이 부족하다.

우리 대구 미술계의 실정은 어떠한가. 5개의 미술대학을 통한 공급은 폭발적인 증가세를 보이는데 정작 수요는 반비례하는 느낌이 없지 않다. 이제부터라도 수준 높은 공급을 유도하기 위한 수요 확대에 나서는 장기적인 대비 또한 시급하다.

대구 미술계의 과제 중 다른 한 가지는 미술인들과 미술 활동에 대한 신뢰와 존중의 풍토정착이다. 그러한 풍토는 곧바로 미술인들 자신의 화합과 공동의 과제를 향한 노력으로 귀결될 수 있을 것이다. 미술인들은 궁극적으로 국가의 문화재산을 만드는 사람들이다. 미술품을 작가 개인의 소유물로만 생각하는 짧은 생각은 이제 버려야 한다.

오늘의 시점에서 보면 〈미술의 해〉의 기획 의도에 걸맞게 성공적이었다고 느끼는 사람들이 많지 않은 것 같다. 그것은 사실 〈미술의 해〉로 정한 시점이 어쩌면 성급했기 때문인지도 모른다. 사전준비가 부족했다는 점이다. 미술인들 스스로가 더욱 조급히 서두른 자충수였을지도 모른다. 경기침체에 따른 장기적 불황에 허덕이는 미술시장의 활성화와 분위기 반전을 시도하겠다는 의욕이 다소 앞서지 않았나 생각된다. 따라서 모처럼의 기회였음에도 불구하고 그러한 기획 의도에 걸맞은 성과를 체감하기엔 어딘가 부족해 보인다.

지금 이 시대의 사회는 일반 사회 구성원들의 속성에 의해서 새로운 문화를 탄생시키고 있다. 결코, 어떤 특정 부류의 기호나 강요 때문에 집단문화가 형성되지 않는다. 스스로 자각과 스스로 동기 요인에 의해서만 공감할 수 있는 문화 형태를 창출할 수 있을 따름이다.

이제 대구는 대구만의 문화가 필요한 때다. 자연환경을 초월한 문화는 더 기계적이고 보다 인위적이어서 개별적 속성을 잃어버리기 쉽다. 가장 가시적인 미술 문화에 서서 필연성은 그 어떤 장르보다 시급하다. 물론 대구 미술인들의 노력이 우선되어야 하겠지만 그것만으로는 부족하다. 거기에는 시민은 물론이려니와 지역을 기반으로 하는 기업과 행정기관이 다 함께 미래지향적 향토색 만들기에 동참해야 한다. 그리하여 동질성을 회복하고 이상적인 문화도시 대구를 건설하겠다는 인식의 전환을 가져와야 할 것이다. 왜냐하면, 미술 문화는 오늘 이 시점에서 우리가 할 수 있는 가장 이상적인 미래를 향한 정신적 처방이기 때문이다.

버려서 채우는 깨달음의 풍경소리

세상에는 채워서 가득해지는 것이 있고 오히려 비워서 넘치는 것들이 있다. 이를테면 뒤주 속의 쌀이나 사과 광주리의 사과는 채울수록 가득해지지만, 사랑이니 행복이니 하는 것들은 결코 채워서는 충만에 이르지 못한다. 약간만이라도 눈높이를 낮추면 바로 그 순간이 한없는 행복이 될 것이고 조금이라도 마음을 비우면 바로 그 순간이 사랑의 요람이다.

어차피 세상을 밥이나 꿈으로만 살 수는 없는 일이라면 마음먹기에 따라 아름다운 세상도 될 수 있고 고통스러운 세상이 될 수 있음이리라. 이것이 바로 옛 선사禪師들이 말한 일체유심조一切唯心造가 아니겠는가.

문득 이미 가질 것보다 버릴 것이 더욱더 많아진 나이라고 생각이 들 때 나는 뭔가를 정리하지 않으면 안 된다고 마음먹었다. 1999년, 새 천 년을 맞기 전에 서둘러 도심을 벗어나 강심이 맑고 산색이 아름다운 청도 금천錦川의 강 언덕으로 화실부터 옮겼다. 말 그대로 비단강이라는 이름에 걸맞게 강줄기는 맑고 하늘빛은 아름다운 곳이었다. 마침 이호우 선생, 이영도 선생의 생가와 머지않아 더욱 의미 깊은 곳이기도 했지만 이만하면 시조와 그림을 위해 나의 생애를 고스란히 바칠 수 있겠다는 결심을 할 만했다.

화실을 처음 옮긴 계절은 겨울이었다. 마침 근처에는 대비사大悲寺라는 유서 깊은 절이 있어 처음으로 가보게 되었는데 대웅전 처마에서 울리는 그 저물녘 풍경소리는 내게 예리한 칼날처럼 내 영혼을 파고들었다. '털어 버려라. 그러면 채워질 것이리라' 이미 산은 깊어 사람들의 발길이 끊긴 지 오랜 작은 절간이었지만 그 수도 헤아리기 어려운 크고 작은 부도들을 비켜 떨어지는 쇠 부딪치는 소리가 그렇게까지 마음을 흔들어놓을지는 몰랐다. 풍경소리는 그러나 하루, 이틀, 시간이 갈수록 더욱더 맑고 고운 소리로 다가와 나의 귓전을 떠나가지 않았다. 나의 안에서 나의 일부가 되어버렸다.

부처님 출타 중인 빈 山寺 대웅전 처마

물 없는 허공에서 시간의 파도를 타는

저 눈 큰 청동 물고기 어디로 가고 있을까

뼈는 발라 산에 주고 비늘은 강에나 바쳐

하늘의 소리 찾아 홀로 떠난 그대 卍行,

매화꽃 이울 때마다 經을 잠시 덮는다

혓바닥 날름거리며 등지느러미도 흔들면서

상류로, 寂寥의 상류로 헤엄쳐 가고 나면

끝없이 낯선 길 하나 희미하게 남는다

〈『문학사상』 2000년 7월호〉

그렇다. 우리는 우리가 가는 곳은 어디인지도 잘 모른 채 언제나 서둘러 길을 재촉하고 있다. 그것이 구도라고 이름 지어지든 불이不二의 실천이든, 어디서 무엇이 되어 어떻게 다시 만나는가에 대한 일말의 회의도 없이 시간의 파도를 탈 따름이다. 그 끊임없는 몸짓과 몸부림, 그리고 파열음! 그 파열음이 있기 전과 있고 난 뒤의 전혀 다르지 않은 모습과 너무도 달라진 세상의 공존은 과연 무엇인가.

그리고 또한 육신의 뼈와 그 숱한 말들과 몸짓들이 만들어내는 언제나 텅 빈 초월의 세상에서의 자기발견은 다시 무엇이 되는가. 과연 무엇이 실상의 깨달음을 가져다 주는가. 불경인가. 아니면 바람에 흩어지는 매화꽃인가. 그도 저도 아니면 풍경소리인가.

그리운 성산포

산이 그리운 날에는 산으로 가고 강이 그리운 날에는 강으로 간다. 그러다 문득 나 자신이 그리운 날에는 홀로 성산포로 간다.

신이 크레파스로 그어놓은 해안선 따라 갈매기 유유히 날고 먼 수평선을 향하여 통통배가 할딱이는 곳. 짙은 잉크 빛 바다 위로 마음껏 달려와 장렬히 부서지는 파도, 힘찬 필력으로 휘둘러 놓은 일출봉 거친 해벽과 노랗게 하늘거리는 유채꽃이 황홀한 성산포로 나는 간다.

그곳에는 달뜨는 언덕을 택해 지워진 화장처럼 붉은 양철지붕 엎드려 졸고 되도록 키 낮춘 동백나무의 붉은 침묵이 비장한 결의처럼 태양과 눈을 맞춘다.

한반도의 남쪽 바다 가운데 낙관처럼 꽂혀 있는 섬, 제주도. 우리나라 사람이라면 누구라도 한두 번은 가봄 직하고 또 가장 많이 찾는 곳 중에 하나지만 그 모두가 좋아하는 곳을 나 또한 은근히 사랑한다.

그러나 내가 진정으로 제주도를 찾아가고 성산포를 흠모하는 까닭은 그것만이 아니다. 지리적으로 보면 제주도는 육지에서 너무나 멀리 떨어져 있는 하나의 섬일 뿐이다. 하지만 되돌아보면 민족사의 격변기마다 그 소용돌이의 중심에 서곤 했던 기구한 운명의 섬이기 때문이다.

고려 때는 삼별초 군이 여몽 연합군과 최후의 항쟁을 벌이던 곳으로, 조선 시대에는 정온, 김상헌, 송시열, 김정희 같은 학자들의 유배지로 불릴 정도로 민족적 상흔이 군데군데 남아있는 곳이 아닌가. 인간이 가야 할 '길 안의 길'과 '길 밖의 길'을 함께 생각하게 하는 곳이라는 점에서 어쩌면 순례처럼 찾는지도 모른다.

더구나 근대사의 소용돌이 속에서 겪은 아픔을 기억하기에 더욱더 애잔하기만 하다. 이 아름다운 천연자원이 일본 제국주의자들에 의해 무참히 짓밟혔으니 어찌 걸음인들 함부로 걷겠는가. 성산 일출봉에는 바로 그 대륙침략에 혈안이던 일본이 폭약과 함포를 숨겨놓기 위해 아랫부분을 뚫어 한때는 자살특공대 기지로 사용하였고 아직도 그 아물지 않는 상처가 군데군데 남아있다.

어디 그뿐이랴. 일출봉에서 서쪽으로 보이는 광치기해변은 또 어떤가. 일제가 물러난 땅에 이번엔 사회주의자들이 들어와 동족 간의 또 다른 참극을 연출하지 않았던가. 400명이 넘는 양민들이 이 해변에서 학살을 당했으니 이 땅인들 치를 떨지 않았으랴. 덩그렇게 남아있는 4·3 희생자들을 위한 기념비가 또 여행자들의 입을 막는다.

내 부질없는 욕망과 자연이 들려주는 무위無爲의 숨결이 만들어주는 3박 4일쯤의 턱없는 대치를 끝내고 나면 나는 그때마다 몇 점의 스케치와 그림들을 전리품으로 챙겨 일상으로 돌아온다. 그러면 이제 적어도 몇 개월은 순수의 향기 속에 지낼 수가 있다.

성산포는 언제나 내 그리움과 연민의 중심에 놓인 아름다운 화두話頭이다.

소월素月의 달

민족문화란 전통이라는 뿌리를 근거로 피는 꽃이다. 한 송이의 꽃이 피기까지 소요되는 여러 가지 요소 중에서 그 꽃의 속성을 가장 잘 지탱시켜주는 역할은 단연 뿌리의 몫일 것이다. 빛의 양과 온도, 습도 등의 조절로 일시적인 변이를 만들 수는 있겠지만 결국은 뿌리의 속성대로 되돌아가기 마련이다. 따라서 깊고 오래된 뿌리에 의지하는 한 민족문화란 꽃의 생명력 또한 오래 지속할 것은 자명한 이치이다.

올림픽을 치러낸 몇 안 되는 나라에 속하는 우리의 전통, 우리의 뿌리가 어쩐지 날이 갈수록 불안해 보이는 오늘날이다. 과거 문명발달의 추이를 좇아 전통문화를 팽개쳐버리고 몰락을 자초한 옛 제국들의 역사적 교훈마저도 이즈음에는 아무런 효험이 없는 것인지 모를 일이다.

정치인은 정치인대로, 기업가는 기업가대로, 문화예술인들 또한 그들 나름대로 이기의 극치를 치닫고 있는 현실이다. 일률적인 가치 규범이나 사회적 도덕 가치가 통용되지 않는지 이미 오래다. 이러다간 자신의 조국을 이기의 천국으로나 만들어 버리지 않을까 하는 염려가 이 좋은 가을을 어지럽히고 있다.

올해 새롭게 신설된 문화부에서는 9월을 「素月의 달」로 제정했다. 우리 현대 시단에서 가장 대표적인 서정시인인 김소월이 태어난 달을 기념한다는 것이 그 취지이다. 그러나 불과 서른두 살의 젊은 나이로 이 땅을 떠난 천재 시인의 재조명이 갖는 상징성의 기대 가치에 더 큰 의미를 두고 있는 것 같다. 겉으로 나타난 컴퓨터를 이용한 素月의 초상 되찾기나 흉상제작, 시화전, 한풀이 공연, 소월 특선 가곡집 제작 등의 추모사업이 그가 간 지 56년이나 지난 지금 그나 그의 가족들에게 무슨 소용이 되리라는 의도는 애당초 큰 의미가 없는 것이다. 그것은 가장 전통적 서정에 심취하여 짧은 생애를 바친 素月의 추모를 통하여 삶의 가치를 물질적인 것으로부터 정신적인 것으로 바꾸어 보고자 하는 민족적 염원의 한 표현에 지나지 않는다.

산에는 꽃피네 / 꽃이 피네
갈 봄 여름 없이 / 꽃이 피네.
산에 / 산에 / 피는 꽃은
저만치 혼자서 피어있네.
산에서 우는 작은 새여
꽃이 좋아 / 산에서 / 사노라네.
산에는 꽃 지네 / 꽃이 지네
갈 봄 여름 없이 / 꽃이 지네

산에서 피는 이름 없는 작은 꽃에 대한 素月의 관조를 우리는 영혼으로 한 번쯤 보듬어 보자. 그리하여 우리와 우리들의 삶을 이끌어줄 가치관에 대해서 재음미해보는 여유를 되찾아 보자. 날이 갈수록 심각해지는 의식의 혼란에서 자신의 위치를 찾고 주위를 바라다보자. 마치 이 지구상에는 인간만이 존재할 권리를 부여받은 것 같은 착각에서 벗어나고 그중에서도 나만이 자신의 존재의의를 극대화해준다는 이기적인 생각에서도 벗어나 보자.

우리는 전통적으로 공유의식을 큰 미덕으로 여겨온 민족이 아니었던가. 아무리 빵과 우유로 살아간 데도 내 어머니보다는 우리 어머니가, 내 집보다는 우리 집에 더욱 친근해져 있는 민족이 아닌가.

「素月의 달」을 보내며 책임의 공유가 선행되는 새로운 가치 질서의 내일과 전통의 계승 위에 새로이 열릴 미래를 상상해 본다.

추사를 따라 걷는

단산과 산방산

살아가다 보면 가끔은 자기를 잃어버릴 때가 있다. 어제처럼 밥 먹고 어제처럼 잠자고 더욱더 자신을 드러내려고 안달하다 보면 어디서 자기를 잃어버렸는지도 모를 때가 있다.

그럴 때는 잠시나마 일상에서 벗어나 보는 것이 좋다. 차 한 잔의 여유도 좋고 가벼운 산책도 좋다. 무한한 에너지가 기다리는 휴가나 여행이라면 더욱 좋다.

내가 생각하는 휴가란 나를 찾아가는 시간이다. '나'에 대한 편애와 집착으로 잃어버린 분별심을 되찾는 시간이다. 왜 자꾸 편하려고만 하고 왜 자꾸 높아지려고만 하였던가. 어쩌면 나도 과대 노출증 환자가 아닌지, 냉정하게 자신을 돌아보는 시간이다.

산에 가면 나무가 되고 바다에 가면 섬이 된다고 했던가. 그곳이 산이면 어떻고 바다면 어떠랴. 바다가 부르면 바다로 가고 산이 부르면 산으로 가면 그만이다.

내가 잊지 못하는 휴가지 가운데 제주도 산방산과 단산을 빼놓을 수가 없다. 그곳에 가면 우선 한국 최고의 서예가 추사秋史 김정희와 함께 할 수 있다. 좀처럼 이해하기 어려웠던 9년간의 유배 생활 속에서도 굴하지 않고 '추사체'를 완성하고 '세한도'를 낳은 그 예술정신을 만날 수 있었기 때문이다.

사실 추사의 유배는 정치적 보복에 따른 세도정치의 희생양이었다고는 하나 억울한 처벌이었다. 그나마 현종을 대리청정하던 순원왕후의 배려로 제주도에 유배된 것만으로도 다행이었는지 모른다. 55세의 나이로 병조참판이던 그가 졸지에 위리안치되었으니 그 심정이 어떠하겠는가. 하지만 그는 비분강개할 수난과 굴욕을 이겨내는 노력에 방점을 찍었다.

붓을 다잡은 것이었다. 벼슬살이 중에는 시간에 쫓기며 주로 중국 글씨를 모방하는데 치우쳤으나 이제는 자신만의 미적 감각에 집중할 수 있게 된 것이다. 게다가 임금인 현종으로부터 많은 관리들의 붓글씨 청탁이 끊이지 않아 헤아릴 수 없이 많은 붓글씨를 쓰게 되었으니 아이러니하게도 '추사체'라는 "유배지에서 피어난 꽃"을 피울 수가 있었다. 실제로도『소치 실록』같은 책에서는 추사의 제자였던 소치에게 현종이 추사의 글씨 심부름을 시킨 내용이 보인다.

그래 이게 무언가. 중국의 많은 글씨 자료들을 가지고 붓글씨의 일가를 이루었을 뿐 아니라 임금까지도 글씨 심부름을 시키는 마당에 '위리안치'라니 그의 마음 상태가 어떠했을까. 결핍이 새로운 대안을 만들어낸다고 하였던가. 결과적으로는 자신에게 주어진 사회적 불우가 오히려 공격적이면서도 해학적인 '추사체'라는 독창적 조형 언어를 창출하였으니 문화사적으로는 얼마나 큰 득템인가.

하지만 부인의 부음訃音에도 섬을 떠나지 못했던 애끊는 심정을 삭이며 올랐을 단산과 대정향교, 그리고 산방산을 따라 오르다 보면 숙연하다 못해 부끄러워 다리에 힘이 풀린다. 부인이 죽은 줄도 모르고 다음 날도 또 그 다음 날도 그는 연달아 편지를 보냈으니 말이다. "이 동안은 무슨 약을 드시며 아예 몸져누워 지내는지요. 간절한 심려로 갈수록 걱정을 금하지 못하겠습니다…" 애틋한 심정을 담아 편지를 보냈거니와 다음 해 정월에야 부고가 당도하였으니 그 비통함은 또 어찌 풀 수 있었으랴. 단산을 거쳐 대정 향교에서 잠시 앉았다가 다시 산방굴사로 오르는 추사의 느린 걸음을 따라가다 보면 어느덧 날이 저문다.

하멜이 표류하던 바다 한쪽으로 비켜선 형제섬, 해벽이 아름다운 송악산과 까마득히 보이는 마라도! 어쩌면 바다와 산과 들판이 예술적 향기와 절묘한 조화를 이루어 놓았는지. 풀린 다리로 멀찍이 바라보다가 숙소로 돌아서면 마치 지조 있는 역사의 한 주인공을 직접 만난 것 같은 뿌듯함에 어깨에 힘이 들어간다. 조용히 저물어가는 바닷가를 지나다 보면 나도 자연에 순응하며 온갖 장애물을 인정할 줄 아는 생명체라는 것이 자랑스러워진다.

흔해서 더 좋은 꽃, 개망초

내가 좋아하는 꽃은 눈부신 빛깔을 지닌 것이 아니다. 내가 좋아하는 꽃은 마음을 사로잡는 향기를 지닌 것도 아니다. 내가 좋아하는 꽃은 현란한 몸짓으로 다가오는 것도 아니요, 보랏빛 유혹의 손짓을 보내오는 것은 더더욱 아니다.

내가 좋아하는 꽃은 저 당나라의 시인 이 백이 노래한 할미꽃도, 신라의 어느 노인이 수로부인을 위하여 목숨을 걸고 절벽에서 꺾어 바친 진달래도, 매월당 김시습이 시로 읊은 목련화도, 화정 임포가 아예 아내로 삼았던 그 매화도 아니다.

내가 좋아하는 꽃은 여리디여린 순정의 빛깔로 오고 내가 좋아하는 꽃은 추억의 이름으로 온다. 내가 좋아하는 꽃은 별빛으로 오고 해맑은 눈물로도 온다.

내가 좋아하는 꽃은 동네 사람들 하나 둘 상여 타고 떠나가던 그 후미진 길가에서 피고 부잣집 머슴 칠방우 흘린 땀방울마다 피고 팔다만 시든 산나물 도로 이고 어머니 돌아오던 장날 저녁에 핀다. 갯가에서도 피고, 밭둑에서도 피고, 야트막한 언덕에서는 무더기로 핀다.

수십 개의 꽃봉오리를 일시에 터뜨리며 흐드러지고 초여름 한때 한번 피면 한 달도 넘게 지속하는 흔하디흔한 꽃 개망초, 나는 그 꽃을 좋아한다.

빛바랜 광목 빛으로 아른거리며 다가오는 개망초꽃을 보면서 나는 종종 피난민들을 연상하기도 한다. 마치 산에도 들지 못하고 밭에도 들지 못한 채 강언덕 군데군데 모여서 다가올 날을 걱정하며 웅성거리는 난민들의 모습을 보는 것 같은 착각에 빠지기도 한다. 꼿꼿이 무리지어 늘어선 꽃 무더기를 보고 있노라면 목숨을 찾아 남으로 남으로 이동하던 난민들의 한 맺힌 절규가 들리는 것 같기도 하다.

그러나 정작 개망초꽃이라는 이름은 매우 억울하기 짝이 없다. 왜 하필 부푼 꿈과 설렘을 가지고 온 때가 망국의 한과 맞물렸을까. 북아메리카가 고향인 개망초꽃이 이 땅에 건너온 때가 나라 잃은 설움에 잠겨 있을 때였으니 말이다. 이상하게 생긴 풀이 하얀 꽃을 피우며 전국적으로 번져나가자 '나라가 망할 때 핀 꽃'이라는 의미에서 "개망초"라 불렀다니 얼마나 억울할까. 망국의 한이 서린 꽃 개망초꽃, 그 억울한 꽃이 억울하게 죽은 이 땅의 수많은 영혼을 위로하며 피었다고 생각하니 고개가 숙어진다. 비록 남의 나라지만 억울하게 죽은 이 땅의 원혼들을 달래려고 여기저기 하얗게 둘러서서 헌화하는 모습이 아니던가.

흔해서 더욱더 좋은 꽃, 개망초. 어쩌면 내게는 존재 자체의 가치와 소멸의 참다운 의미로 다가와 생명의 절대성과 소소함의 가치를 일깨워 주는 꽃이었는지도 모른다.

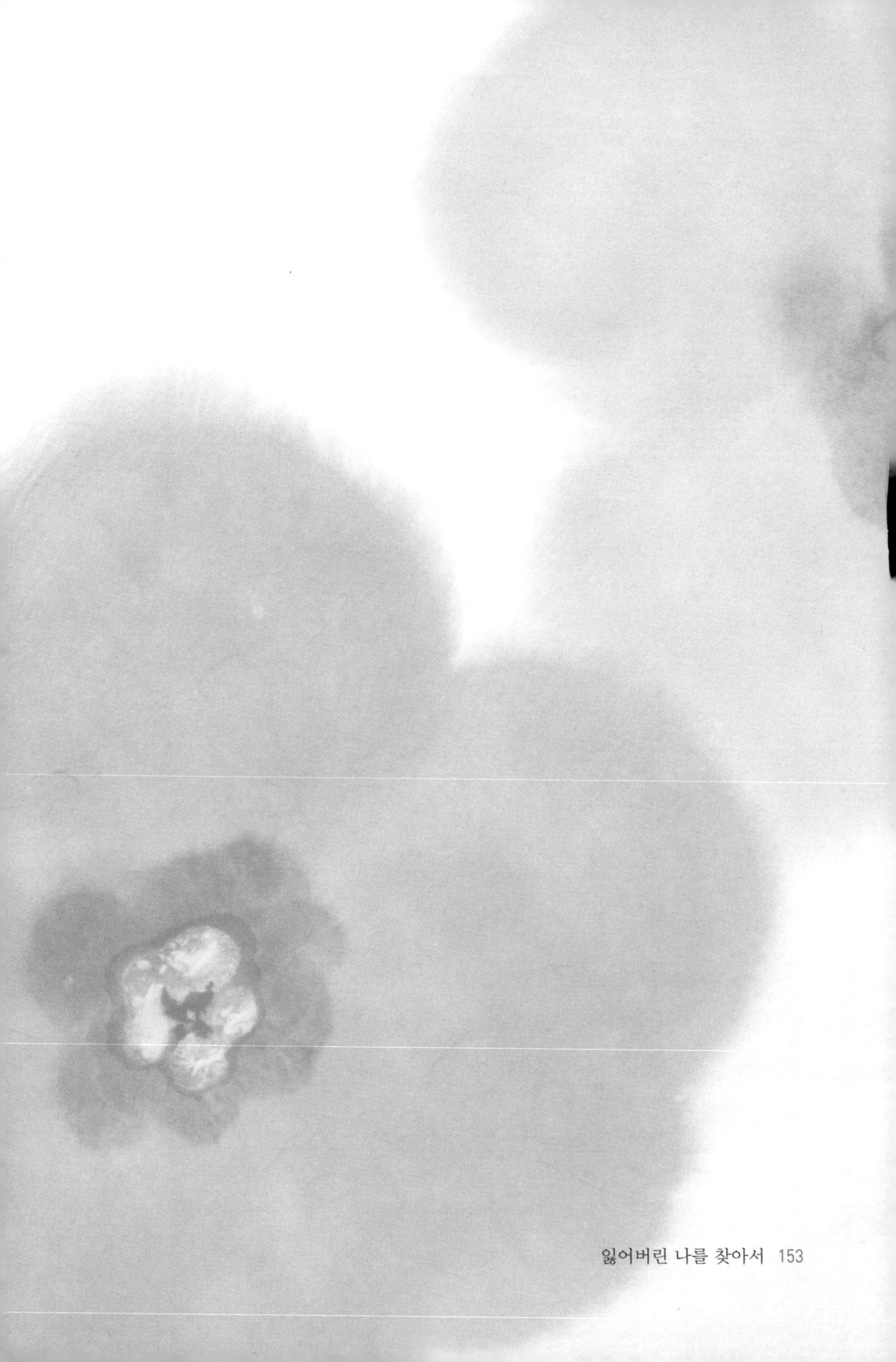

솔향기 넘치는
큰 산의 **마음**

04

정운 이영도 선생님 — 솔향기 넘치는 큰 산의 마음 — 모산 심재완 선생님 — 유산 선생님이 주신 교훈 — 백수 정완영 선생님 추억 — 꿈을 깨듯 돌아오소서 — 문곤 선생님을 만나다

정운 이영도 선생님

우수를 갓 지나자마자 자신을 부르는 소리를 어떻게 알아챘는지 며칠 사이에 꽃과 새싹들이 뜨락을 수 놓는다. 눈발 사이로 매화가 꽃망울을 터뜨리는가 싶더니 복수초가 황금빛 눈웃음을 보내고 연달아 노란 수선화가 바람을 흔들고 섰다. 아마도 식물은 우리가 듣지 못하는 어떤 신호를 듣는 신기한 귀를 가진 모양이다. 더욱 신기한 일은 겨우내 꼼짝 않고 웅크리고 있던 벌들이 날아와 생명의 기운을 북돋우고 있는 모습이다. 눈 밝은 사람들도 겨우 알아차릴까 말까 하는 꽃 소식을 어떻게 알고 찾아와 봄의 기운을 북돋우는지 놀라울 따름이다. 풀과 꽃들은 저마다 이렇게 시간과 아름다운 만남을 가짐으로써 자신의 존재를 극대화하게 된다. 바야흐로 때가 왔음이리라.

그런데 사람은 자신을 극대화하기 위하여 때를 기다리는 것만으로는 부족하다. 물론 때도 중요하지만 누구를 만나는가 하는 관계성이 삶을 결정하기 때문이다. 말하자면 사람들은 저마다 특정한 만남을 가지게 되면서 운명이 정해지게 되는 것이다. 꽃나무가 봄바람이라는 때를 만나듯 나는 과연 내 청춘의 봄에 저절로 꽃을 피웠던 것일까, 돌아보면 내게도 세상의 잣대로는 도저히 잴 수 없는 무게의 만남이 있었다. 정운 이영도 선생님과 만남이 그것이다. 이미 50여 년 전의 일이지만 선생님과 만남은 나의 일생 전체의 방향성을 결정지은 중요한 계기가 되었다.

대학교 1학년이던 1972년 겨울 무렵 도서관에서 내 눈을 의심할만한 시 한 편을 발견하였다. 내 기억이 맞는다면 아마 시사 교양지였던 것 같은데 거기서 화전민을 소재로 한 이영도 선생님의 시조였다. 집에 돌아와서도 그 작품이 머릿속을 떠나지 않아서 며칠을 두고 묻고 물어 선생님의 서울 주소를 알아내었다. 그리고는 곧장 편지를 썼다. '선생님의 시조를 읽고 마음을 가라앉히지 못하고 편지를 쓰게 되었는데, 선생님께 시조를 배우고 싶으니 살펴주십사'하는 내용이었던 것 같다.

그런데 참으로 당돌하게도 자수만 흉내 내어 끄적인 시조 한 편을 동봉하여 보냈으니 오십 년이 가까운 지금 생각해도 얼굴이 화끈거린다. 그리고 하루 이틀 사흘, 혹시나 있을지도 모르는 답장을 기다리는 날들은 꿈결 그 자체였다. 그런데 "꿈은 이루어진다"라고 누가 말했던가. 한 달쯤 지난 어느 날 정말로 선생님의 답장이 왔다. '젊은 학생이 시조를 쓰겠다니 장한 일이다. 머잖아 대구의 어머니 댁에 어머니 목욕시켜드리러 내려갈 예정이니 그때 전화하라'시며 이호우 선생님의 집 전화번호를 적어 주셨던 것 같다. 그러던 어느 날 자취방으로 전보 한 장이 날아들었다.「00날 대구 도착, 연락 바람.」여기저기서 봄꽃이 흐드러지기 시작해서 세상이 온통 축젯날만 같았는데 내 마음은 기쁨과 설렘과 두려움으로 가득 차 하루가 일 년 같았다.

선생님께서 유일하게 기억하시는 장소라며 안내해 준 곳이 대구역에서 멀지 않는 〈회전다방〉이었다. 한 시간쯤은 일찍 나가서 2층 창가에 자리를 잡고 앉아서 창밖을 내다보았다. 그때 큰길 건너 쪽에서 한 무리의 시선을 쓸어내며 마치 흰 공작처럼 걸어오시는 모습이 보였는데 나는 직감적으로 선생님이라는 것을 알았다. 나는 입구까지 쫓아 내려가서 혼자 오신 선생님을 맞았다. 시종일관 미소로 자식뻘보다도 더 어리고 아둔한 내 마음을 어루만져 주셨다.

"바닷가에 가본 적 있나요? 모래사장에서 부서져 물거품으로 돌아서는 것이 포말泡沫인데 그것이 천년이고 만년이면 반질반질한 조약돌을 만들어 내지요. 한 번 두 번 해보다가 그만두면 아무것도 이루지 못해요."

이미 내 모습에서 재주로 시단을 휘저어놓을 재목은 아니라는 걸 느끼셨던지 선생님의 시조 해설이 곁들어진 수필집『머나먼 사념의 길목』을 서명해 주시고는 또 한 가지 당부를 곁들이셨다.

"민군, 대나무밭에 가본 적 있지요?"

"예 선생님, 제가 살던 시골집이 대숲으로 둘러싸였습니다."

"그러면 잘 알겠네. 대나무가 아무리 드센 비바람에도 부러지지 않을 뿐 아니라 그 뿌리가 얼마나 억센지 도끼로 찍어내어도 잘 무너뜨리기가 어려울 정도로 딱딱하고 강하지요. 그런데 여리디여린 대나무 싹인 죽순이 그 억센 땅을 뚫고 올라오거든요. 쇠처럼 강하다고 대나무 뿌리를 뚫는 게 아니라 아무리 부드러워도 뜨거운 열정과 강렬한 의지만 있으면 못 이룰 게 없다는 것을 보여주는 사례지요."

과연 누가 이렇게 이영도 선생님께 특강을 받을 수 있겠는가. 시조를 배우겠다고 해서 이 만남이 이루어졌지만 알아듣지도 못하는 시조 대신 사람이 어떻게 살아야 하는가를 일깨워준 시간이었다. 한 시간 남짓한 이 귀한 시간이 그러나 내 생애의 중요한 목표를 세워주게 될 줄은 생각하지 못했다.

나에게 필생의 과제가 될 시조는 이렇게 다가온 것이다. 그날 이후로 나는 시조에 미쳐갔다. 한 달에 한 번은 선생님께 편지로 지도를 받았고 한 번쯤은 토요일 밤차로 직접 서울에 올라갔었다. 내가 다니던 학교가 있는 경산에서 밤 아홉 시경 군용열차를 타고 새벽 여섯 시쯤 용산역에 도착하였다. 정상적으로 가면 그렇고 어떤 때에는 열 한 시간이 걸린 적도 있었다. 군용 열차다 보니 민간인이 탈 수 있는 객실은 세 칸밖에 없어 어떤 때는 밤새도록 서서 간 적도 있고 또 증기기관차이다 보니 터널을 지날 때마다 석탄 연기가 옷에 시커멓게 묻어나기도 했다. 그렇게 새벽에 도착하여 역사에서 시간을 보내다가 마포구에 있는 선생님 댁으로 두 번 버스를 바꿔 타고 열 시경에 도착하였다. 선생님이 교회 예배를 하러 가시는 열 한시까지 개인지도를 받을 수가 있었다.

그렇게 삼 년을 계속하였다. 거의 9할은 글에 대한 지적을 받았고 사람살이의 자세나 개인적인 당부도 빠뜨리지 않으셨다. 만날 때마다 '시조는 하루 이틀에 열매를 거둘 수 없으니 꾸준히 정진하라' '그림을 전공하고 있으니 끝까지 붓을 놓지 마라'는 당부는 줄어들지 않았었다. 가끔 대구로 오실 때는 이호우 선생님이 안 계시는 댁으로 가서 만나거나 시내에서 식사하기도 하고 차를 마시기도 하였는데 '학생이 무슨 돈이 있느냐'며 늘 선생님께서 돈을 내셨다.

시조에 대한 발전도 없고 아둔하기 짝이 없는 시골뜨기 제자에게 삼 년씩이나 열정을 쏟아주셨던 까닭은 지금에 생각해도 수수께끼가 아닐 수 없다. 게다가 2년쯤 지나 선생님께 상의도 없이 신춘문예에 응모했다가 보기 좋게 낙방한 적이 있었다. 가명으로 응모했으니 그냥 넘어가려니 생각하였는데 선생님께서 편지하셨다. '신춘문예에 올라온 작품을 보았다. 많이 늘었더구나. 그러나 신춘문예보다 전문지 추천이 시인으로 활동하는데 더욱 유리한 조건이 있어 《현대시학》 5월호에 추천을 하였다'라는 내용이었다. 나는 다시 한번 놀랐었다. 작품이 부족하여 떨어졌음에도 에둘러 추천으로 이끌어 주시고 상처받을까 염려하셨으니 말이다.

그 해 1975년 가을, 내가 대한민국미술전람회에 입선하자 매우 기뻐하시며 축하 편지를 보내주셨다. 인사차 상경했을 때 어딘가 평소와는 많이 다른 말씀들을 하셨다. 미리 전시장에 가서 작품을 보셨다며 '시골에서 대학을 보내시느라 고생하시는 부모님께 효도한 거라 다행이다'라며 격려해 주셨다.

"이제 졸업을 하면 결혼을 해야 하지 않겠니. 그래 결혼할 처녀는 있는가?"

"아닙니다. 아직 딱히 정해둔 사람은 …"

대답이 끝나기도 전에 말씀이 급해졌다.

"그럼 됐다. 내가 봐둔 규수가 한 사람 있다. 가톨릭 신자인데, 이제 직장이 정해지면 소개해주마. 민군과 잘 어울릴 것 같아."

솔직히 기대 반 설렘 반인 그 말씀의 여운도 가시기 전에 선생님은 또 말씀을 이끄셨다.

"올해도 신춘문예에 도전해 볼 텐가?"

" …… "

그 당시 이미 《현대시학》에 초회 추천을 하신 상태라는 점을 잊기라도 하신 듯 다그쳐 물으셔서 대답할 수가 없었다.

" 될 수 있으면 나쁜 거야 없지. … "

그러고는 다른 말씀이 없으셨다. 내어도 좋다는 건지 아니면 나의 속내를 떠보시는 건지 알 수가 없었다. 어쨌거나 나는 그해 다시 신춘문예에 응모하였고 한국일보에 당선되었다. 물론 필명으로 응모하였지만, 추천 중이시던 선생님의 뜻에 반하는 모습을 보여 송구하기 그지

없었다.

대학을 졸업한 2월 말경에 다시 선생님을 뵈었다. 학교에 부임하게 되었다는 소식도 전해드리고 선생님이 그토록 기뻐하시던 국전 입선작품을 선생님 서재에 걸어드리기 위해서였다. 간단히 식사를 마치고 선생님의 2층 서재에서 차를 마시다가 농에서 한복 한 벌을 꺼내 놓으셨다.

"민군, 내가 자꾸만 망각이 심해져서 앞날을 알 수가 없다. 내가 아끼던 한복인데 공개적으로 한번 밖에 입지 않았다. 너무 아까운데 …. 민군이 가지고 가서 품에 맞으면 어머니한테 드리든지 하여간 가지고 가거라. 그리고 자리가 잡히거든 내 서재의 모든 책도 좀 가지고 가서 정리해 주고…"

그날 나는 선생님의 연한 도라지 빛 한복 한 벌을 받아들고 내려왔는데, 그것이 선생님과의 마지막 모습이 될 줄은 몰랐다. 그렇게 자신에게 불안한 모습을 보인 적이 없으시던 분이 이별을 준비하고 있었다는 사실을 알기까지는 불과 며칠이 걸리지 않았다, 하지만 그것을 알았을 때는 이미 그 어떤 후회도 소용이 없었다.

나는 그때 거창의 한 여자중학교에 부임해 있었다. 해인사를 지나면서부터는 비포장도로였다고 기억되는 시골 학교에 초청을 받아 간 임시 근무지였던 셈이었다. 선생님으로 첫 부임인 데다가 담임을 맡은 학기 초였던 터라 사실 정신없이 하루하루를 보내고 있었다. 그날 밤도 유난히 달무리가 커다랗게 하늘을 차지하고 있었다. 선생님의 모습이 떠오르고 마지막 모습에 대한 걱정이 잠시 스쳤으나 학교 전화도 눈치가 보였고 공중전화도 없고 해서 전전긍긍하다가 새날이면 다시 업무에 바빠 잊어버렸다. 그리고 며칠 후 생소한 편지 한 통을 받았다. 선생님 댁에서 일하던 소녀가 보낸 편지였는데, 선생님께서 돌아가시고 이미 장례식까지 마쳤다는 내용이었다. 그리고 내가 보낸 편지를 돌려보낸다며 동봉하였다. 이런 일을 청천벽력이라 했던가. 회갑에 맞춰 시조집과 수필집을 준비 중이라고 하시던 말씀이 엊그제 같은데 이 세상 사람이 아니라니 믿기지 않았다. 여러 날을 앓다가 나는 그 상황에서 아무 일도 하지 못했다는 자책과 송구함을 평생의 빚으로 떠안았다.

선생님이 가시고 이미 오십 년에 가까워진다. 그 무거운 빚을 갚느라 10주기, 20주기, 30주기, 40주기 및 탄생 100주년 기념행사를 기획하여 실천하였고 두 권의 시조 선집과 시조 전집, 그리고 일본어 번역시조집과 중국어 번역시조집을 간행하였다. 선생님 생전에 제정된 정운시조문학상이 주최해오던 출판사의 경영난으로 중단될 상황을 맞아 고향인 청도로 이관받아 오빠의 이호우시조문학상과 함께 시상하여 오늘에 이르고 있다.

하루가 다르게 봄꽃이 제모습을 드러내고 새들의 울음소리가 크게 들린다. 이맘때만 되면 '내가 아무래도 봄에 죽을 것 같다. 한 해도 그러지 않고 봄 앓이를 하는 걸 보면 피할 도리가 없다'고 하시던 선생님의 모습이 어렴풋하다. 나는 분명 선생님이 우리 민족시의 밭고랑에 떨구어 놓은 씨앗이다. 가까스로 뿌리 내려 비록 선생님의 뜻과 같지는 못할지라도 그 부드러우면서도 날카롭고 외로우면서도 인자한 품성과 단정한 시조의 행간을 닮아가고 있으리라.

솔향기 넘치는 큰 산의 마음

–은사 모산 선생님 八耋에 부쳐

높은 산에 올라본 사람이라면 누구나 한 번쯤은 느껴보았을 것이다. 사방으로 뻗어 내린 산줄기의 장엄함과 골짜기마다 흘러내리는 계곡들의 신비로움 하며 그 계곡의 끝을 젖줄처럼 물고 늘어진 넓은 들녘의 넉넉함이며 그 끝없는 안도감을…. 바람받이에 덩그러니 얹혀있는 야산이 아니라 높고 낮은 구릉을 한껏 거느린 장엄한 산 앞에 서게 되면 우리는 아무 말도 하지 못하고 다만 '숙연'해질 따름이다.

그리고 우리는 또한 알게 될 것이다. 산이 높으면 높을수록 그 산이 거느린 연봉들 또한 그만큼 많고도 깊으며 들판 또한 더없이 넓다는 사실을.

비가 와도 먼저 그 비에 젖고 바람이 불어도 먼저 흔들리게 되는 저 높은 산! 그 산을 의지하고 등을 기댈 수 있다면 그것이 어찌 선택이 아니며 그것이 어찌 은총이 아니겠는가.

모산 심재완 선생님은 항상 내게 장엄한 큰 산이었다. 그 산정에 선 거대한 장송이었고 결 고운 솔바람이었고 은은하게 풍기는 솔향기였으며 바위를 뚫고 솟구쳐 나오는 드맑은 샘물이었다. 나는 다만 분에 넘치게도 그 장엄한 산자락에 묻어있는 작은 바위나 되는 것처럼 갖은 배려를 죄다 누려오고 있는 터이다.

선생님은 오랫동안 내게 너무나 많은 영향을 주셨다. 하지만 나는 아직껏 그 어느 한 가지도 제대로 받아들이지 못하여 선생님의 인품을 흉내조차 못 내고 있으니 참으로 안타까울 뿐이다. 만난 횟수로만 말한다면 그 여느 사람 못지않게 선생님을 많이 뵈었다고 자부할 수 있겠지만 워낙 불민한 터인지라 이제는 가까이서 오히려 선생님께 잘못을 하고 있지나 않은지 걱정스러울 뿐이다.

다만 선생님의 가르침에 상응하는 기대 결과나 깨달음도 없이 기념 문집의 필자로 선정된 것이 부끄러운 일이긴 하나 개인적으로야 영광이 아닐 수 없다. 우리 정신문화유산의 국보급이라고 말할 수 있는 선생님의 학문적 업적이나 사회활동, 서예나 다도 등의 예술적 관심에 대해서는 많은 분이 글을 써주실 것이기 때문에 나로서는 오랫동안 곁에서 겪어본 선생님의 인간적인 매력에 대해서 주로 적어보고자 한다.

1. 끝없는 베풂과 사랑의 지평

내가 선생님을 처음 만난 때가 1974년 대학 3학년 때였으니까 벌써 25년 전의 일이다. 선생님은 그때 내가 다니던 영남대학교의 사범대학 학장이셨다. 평소 붓글씨 쓰기를 좋아하시던 선생님께서 특별히 자청하셔서 우리들의 서예 과목을 맡아주셨는데 이것이 내가 지금껏 선생님을 모실 수 있게 한 결정적인 계기였었다. 여느 학장님 같았으면 귀찮아하셨을 교과목 지도였겠지만 선생님은 그 바쁜 가운데서도 거의 휴강도 없이 오히려 신바람 나 하셨다. 한 학기, 그 짧은 강의였지만 한두 마디씩의 칭찬을 못 들어본 학생이 없을 정도로 선생님은 관대하셨고 작은 일에도 용기를 주시고자 애를 쓰셨다.

그때만 하더라도 비교적 권위 의식에 집착해서 하는 보직교수들이 많았는데 선생님은 오히려 학생들과 친해지려고 애를 쓰셨다. 지금까지도 종종 그때 학생들의 이름들을 들추시면서 관심을 보일 정도이니 그 근본적인 사랑과 열정을 짐작하고도 남을 것이다. 지금 와서 생각해보면 어떤 부정적인 요인에도 전혀 동조하지 않으시던 그 편견 없는 사고, 그 긍정적인 자세를 그때 진작 깨닫고 실천하였더라면 얼마나 좋았을까 하는 아쉬움이 크다. 그때는 언제나 선생님께서 먼저 곁에 와 주셨고 먼저 불러주셨다. 아무것도 아닌 일을 칭찬해 주시기도 하고 어떻게든 격려를 주시려고 노력하셨다. 물론 그때 재주 없는 나를 각별히 아껴주셨던 유산酉山 민경갑閔庚甲 선생님과의 친분도 상당 부분 작용하였을 것으로도 생각된다.

졸업하면서 선생님과 헤어지고 몇 년 뒤 다시 대학원에 입학하면서 다시 선생님을 뵐 수 있게 되었다. 물론 그때도 직접적으로 선생님을 모실 수 있는 상황은 아니었다.

한 번은 선생님께서 자매결연 관계에 있는 미국의 대학에 가져갈 선물을 준비하신다면서 나에게 그림 몇 점을 부탁해 오셨다. 참으로 기쁜 일이었으나 나는 만족할만한 그림을 그려드리지 못하였다. 아니 어쩌면 외국에 나갈 그러한 특별한 그림을 소화해낼 능력이 내게는 아직 없었다고 말해야 옳을 것이다. 그런데도 선생님께서는 얼마간의 그림 값까지 내시며 격려해 주셨다. 물론 내게 조금이나마 도움이 되라고 배려하신 것이었다.

선생님께서 영남대학교에서 정년 퇴임하시고 한의과대학장으로 부임하셨을 때의 일이다. 나는 그때 안동에 거처하면서 대구에 강의를 나오고 있었는데 모처럼 선생님께 인사를 드리러 가겠노라고 전화를 하고 경산의 학교를 찾아갔었다. 마침 선생님께서는 학장실 한쪽에 마련된 탁자에서 붓글씨를 쓰고 계셨다. 반갑게 맞아주시던 선생님께서 쓰시던 글씨들을 주욱 늘어 놓으시면서 어느 것이 좋은지를 물으셨다. 붓도 잡을 줄 모르는 내게 무슨 낭패를 주려고 이러나 싶기도 하여 한

참을 어찌할 바를 모르고 있다가

"선생님, 그래도 이게 보다 자연스러운 것 같습니다만…."

하고 하나를 집어 들었더니

"그래, 그게 좀 나아 보이는구먼."

하시면서 낙관을 꺼내어 찍으셨다. 그리고는 나머지 몇 장을 둘둘 구겨서 쓰레기통에 넣어 버렸다.

"그래, 마음에 든다니 됐구먼. 자네는 시도 쓰니까 하나 가지게."

하시면서 그 작품을 내게 주시는 것이었다. 그것이 지금도 내가 가장 귀하게 여기는 〈시경詩境〉이다. 화선지 반절 크기로 아마 선생님의 작품으로서는 가장 큰 글씨에 해당할 것이다.

가을비가 주룩주룩 내리는 어느 날이었다. 선생님께서 전화를 주셨다. 비도 오고 한데 크게 바쁘지 않으면 와서 차나 한잔하자는 내용이었다. 그때 선생님께서는 봉덕동 봉덕정사에 계셨는데 한복을 입으시고 역시 붓글씨를 쓰고 계셨다. 이미 몇 장의 똑같은 글을 쓰셨는데 아마도 마음에 드시지 않은 모양이었다. 예의 경우와 같이 또 선생님은 어느 것이 좋은가를 물으셨고 이번에도

"자네 생각이 나서 한 번 써봤더니 영 마음에 안 드는구먼. 어때 이게 좀 나은가?"

하시면서 내 이름을 넣고 낙관을 찍은 뒤 건네주셨다. 고운 최치원이 가을을 노래한 〈秋風惟苦吟〉으로 시작되는, 정말로 그 계절적 상황과 너무나도 잘 맞아떨어지는 시편이었다.

모산 선생님으로부터 받은 작품은 거기에 그치지 않았다. 〈운파월

만雲披月滿〉이라는 편액이라든가 심지어 선생님께서 선물 받아서 아끼시던 작품 중에도 내가 좋아하는 것들을 흔쾌히 주셨다. 거기에는 유산 민경갑 선생님의 〈천도〉, 한메 장백선 선생님의 〈풍경화〉 같은 것들도 끼어있다. 두 분 모두 내게는 은사이니 선생님 당신이 가지고 계시는 것보다 제자가 가지는 것이 더욱 의미 있는 일이라는 말씀이셨다.

아무튼, 내가 선생님으로부터 선물 받은 물건들은 이루 다 헤아릴 수가 없을 정도였다. 몇 차례 일본 여행에서 구해다 주신 붓들이며 물감, 향나무로 된 벼루함, 크리스탈 문진, 그림용 부채화선지, 다기 등 모두가 실로 정성스러운 것들이며 마음으로부터 우러나온 선물들이었다.

이 글을 쓰고 있는 오늘 낮에도 사실은 선생님께서 일본을 다녀오시면서 구해오신 두 자루의 붓을 선물 받고 딴은 흥분되고 딴은 설레는 마음을 아직껏 가눌 수가 없다. 나흘간의 그 짧은 여행의 번거로움 속에서도 잊지 않으시고 필방을 찾으신 선생님의 마음을 헤아리노라면 참으로 황감하고 참으로 송구스러운 노릇이 아닐 수 없다.

참으로 그것은 마음으로부터 우러나온 사랑의 실천이었다. 언제나 훈계조로 말씀하시는 대신 몸소 행동으로 보여주신 그 사랑의 실천은 정말로 여러 번 나를 감동하게 하였다.

어찌 보면 선생님께서는 무엇 하나라도 나누어주시고 베푸시는 데서 기쁨을 느끼시는 게 아닌가 싶을 정도로 베풂이 몸에 배어 계시는 것 같다.

2. 소신, 그리고 지칠 줄 모르는 열정

선생님과 남들과 또 다른 커다란 차별점 하나는 지칠 줄 모르는 열정을 들 수 있을 것이다. 그렇게 많은 만남의 시간 중에서 단 한 번도 나는 선생님께서 피곤해하시는 모습을 본 적이 없다. 무슨 일이든지 항상 긍정적인 편에 서셨고 부정적인 쪽에 귀를 기울이지 않으셨다. 혹시 남들이 하는 좋지 못한 이야기를 들으면 '에이, 그 소리는 안 들은 것으로 하지'하시면서 넘어가셨다.

선생님은 당신 자신의 이익에는 굉장히 인색하시지만, 자신을 필요로 하는 다중의 이익이라면 그 어떤 일들이라도 비교적 적극적으로 나서시는 편이다. 너무나 바빠하시는 모습을 곁에서 보면서

"선생님, 이제 일들을 좀 줄이시고 선생님 자신을 위한 시간을 좀 더 늘이시지요."하고 말씀드리면

"그래야겠는데 좀체 놓아주질 않아서 말이야."하시면서 또 다른 역할에 이미 들어서 계시는 것이다. 그래서 간혹 어떤 경우는 선생님의 그러한 순수한 베풂을 악용하려는 사례가 있기도 한데 그것을 알았다 해도 선생님의 표정에는 전혀 변화가 없다.

"남들이 내 마음을 헤아리지 못한다 해도 그것은 그 사람 잘못이지 내 잘못이 아니지 않는가. 내가 언제 인기에 연연해하겠는가."

선생님은 지금 이호우문학기념회 회장을 맡고 계신다. 이호우시조문학상이 제정되던 첫해부터 지금까지 8년째 중책을 맡아오고 계시는

데 곁에서 지켜보면 그 중간의 과정 중에 짐을 벗어 던져버리고 싶을 만한 상황을 몇 차례씩이나 부닥쳤었다. 그러나 그때마다 남들은 헤아리기 힘든 특유의 사명감과 소신으로 넘기시는 것을 볼 수 있었다.

사실은 이호우 선생님과 각별한 친분이 있어서도 아니요, 오로지 그러한 상이 제정되고 시상되는 것이 이 땅의 민족 문학을 살찌우는 길이라는 명분 하나 때문에 주변의 유력 인사들에게 끄집어내기 힘든 후원금 권유도 하시고 심지어는 이호우 선생님의 고향인 청도군에까지 직접 가셔서 군수에게 후원을 청하기도 하셨다. 물론 이 상의 제정 초기 기금마련을 위한 행사 역시 선생님의 절대적인 후원에 힘입었음은 두말할 나위가 없다.

이 문학상을 주도해오시는 동안 심사위원 위촉 문제나 수상자 선정 등의 과정에 있어서 그간 막역하게 지내시던 백수 정완영 선생님과 초정 김상옥 선생님 등의 심기를 불편하게 하시면서까지도 선생님은 선생님의 소신으로 객관성을 유지해 공과 사를 엄격히 구별하는 모습을 보여주시기도 하였다.

어떻게 보면 선생님께서 이 이호우문학기념회의 일을 맡으시고 내가 선생님을 도와 그 사무 전반의 일을 맡음으로써 전과는 또 다른 관계로 더욱 자주 선생님을 뵙게 되었는지도 모른다. 그러한 만큼 나 역시 선생님께 조금이라도 누가 되는 일이 발생하지 않도록 도와 드려야 하겠다는 생각에서 이 일에 열정을 버리지 못하고 있다.

간혹 한 번씩 선생님을 만난 사람들은 한결같이 선생님의 활기 넘치는 목소리와 식을 줄 모르는 열정에 혀를 내두르게 된다. 도무지 나이를 짐작할 수 없다는 이야기다.

이호우시조문학상의 일로 매년 한 번씩은 적어도 선생님과 서울 나들이를 하게 되는데 선생님은 조금도 의자에 등을 기대거나 잠을 청한 적이 없었다. 아침에 열차에 오를 때나 저녁에 심사를 마치고 돌아오실 때나 매번 의욕에 넘치고 그간의 세상 읽기에서 얻은 거룩한 삶의 가치를 경전처럼 들려주시곤 했다. 내게는 참으로 잊지 못할 아름다운 추억의 시간이었다.

3. 잊을 수 없는 소중한 기억들

누구나 감동이 있는 삶을 산다는 것은 정녕 아름다운 일이다. 그러나 그 감동의 속성상 자기 안에서 일어나는 것이 아니라 밖으로부터 오는 것이기에 자신의 의지와는 별개의 것이다. 그렇다고 누가 남의 아름다움과 남의 행복을 생각해서 미리 감동을 만들어 기다리고 있을 것인가.

내가 모산 선생님으로부터 받은 커다란 또 하나의 지울 수 없는 인상은 바로 이 남을 위한 감동을 준비하고 수도 없이 그것을 전달해 주신다는 점이다. 그 어느 성직자들도 이론이나 이성적 사고를 실천에 옮기기 힘든 일일 테지만 선생님에게 그것은 일종의 생활관습처럼 보여질 뿐이었다. 그리고 무엇보다도 중요한 것은 그 감동을 위한 준비의 실체가 너무도 순수한 사랑에서 우러나온다는 점일 것이다. 나는 여태껏 한 번도 선생님께서 기울인 노력에 대한 대가성 문제로 미간을 찌푸리는 모습을 본 적이 없다.

내가 자랑스러워하는 일 중에 아홉 번의 개인전을 선생님께서 빠짐

없이 참석해 주셨다는 기억도 빠트릴 수가 없다. 안동에서 열었던 첫 번째 개인전에는 아직 전달되지 못해 참석하지 못하셨지만, 그다음부터는 꼭꼭 참석하셨다. 그 바쁘신 일정 중에도 반드시 최우선 순위에 놓으시고 개막식 시간에 맞추어, 그것도 주변의 인사들에게 연락하여 꼭 몇 분씩을 모시고 와서 부족하기 짝이 없는 작품에 극찬을 얹어 주시곤 하셨다. 그리고 예외 없이 화환값을 접수해 두시고 가셨다.

'그래, 진정한 베풂이란 바로 이것이구나. 이것이 바로 아가페적인 사랑의 실천이구나.'하고 감복을 하다가도 너무나 일방적으로 받기만 하는 상황의 연속이다 보니 부담 또한 적지 않은 게 사실이다. 그러나, 어쩔 것인가. 나 또한 선생님으로부터 배운 대로 같은 베풂의 실천으로 보답하는 수밖에 없음이 아니겠는가.

선생님과 관련하여 잊을 수 없는 기억 중에는 대구 근교를 한 바퀴 돌아오는 자동차 드라이브도 소중하게 간직되어 있다. 만물이 꿈에서 깨어 일어나는 이른 봄날, 선생님과 나는 이심전심으로 만나 벚꽃이 만개한 공원을 거닐거나 진달래꽃이 붉게 물든 정대 꼭대기를 여행하였다. 또한, 단풍이 온 산을 가득 메운 가을에는 스카이라인을 타고 올라가 팔공산의 정취에 흠뻑 빠지기도 하고 찬비가 내리는 창가에 앉아서 작설차 향기 짙은 다담茶談으로 시간을 잊기도 하였다.

어쩌다 선생님께서 새롭게 발견한 음식점이 있으면 곧바로 전화해서

"내가 좋은 추어탕 집을 하나 봐두었지." 하시면서 앞산 밑의 자그마한 음식점에서 점심을 사시기도 하였고 사모님과 함께 청도의 〈시한문학자료관〉을 다녀오실 때는 미리 작정한 듯이

"〈높은 집〉의 매운탕 맛이 괜찮더구먼." 하시면서 냉천 들머리에

있는 음식점으로 안내하기도 하셨다. 선생님이 좋아하시는 음식이라야 너무나 서민적이고 너무나 평범한 것들뿐이었다. 선생님에게는 〈부산할매집〉의 복어탕도 좋고 〈수원집〉의 추어탕도 좋고 〈할매 칼국수〉 집의 칼국수는 더더욱 좋았다. 여느 일식집의 대구탕 한 그릇이면 성찬이었고 잘 붙여진 빈대떡 하나면 칭찬이 몇 번씩이나 거듭되었다. 어떤 음식이든지 그저 맛있게만 드셨다.

사전 예고도 없이 항상 감동을 준비하시는 선생님은 또 이따금 감상주의자가 되시기도 하였다.

"자네 지금 비도 오는데 뭐 하는가. 바쁜가? 차나 한잔하러 옴세." 하고 불러서는

"작가는 모름지기 예사롭지 않은 멋을 지닐 필요가 있지. 딱딱한 일상에 너무 깊게 매이게 되면 좋은 작품을 만들 수가 없지." 하시면서 긴장을 풀어주시려고 애를 써주셨다. 또 어떤 때는

"이럴 때는 시를 한 편 쓸 수 있었으면 얼마나 좋겠어." 하시면서 창작을 병행하지 않았던 숨겨온 아쉬움의 일단을 내비치시기도 하였다.

감동을 베푸시는 선생님의 모습에는 그것만이 있는 것이 아니었다. 좋은 전시회가 열리면 함께 가자고 전화를 주시기도 하고 또 어떤 때는 밤이 이슥한 시간에 전화를 주셔서

"자네 지금 뭐 하는가. 텔레비전 보고 있는가? 어찌나 그림이 좋은지 자네가 꼭 봐야 할 것 같아서 전화했네." 하시면서 통기를 해주시기도 하였고 좋은 글씨를 하나 구했는데 와서 보라고 전화를 주시기도 하였다.

선생님의 그 같은 자상함은 사모님도 하나도 다를 바 없다. 아이들

이 방학하면 사모님께서 아이들 데리고 나오라고 몇 번씩이나 집으로 전화를 해주시곤 했다. 지나친 사양도 예의가 아니다 싶어 전화를 드리면

"어이 민 선생 보래. 요새 〈대동강〉 집 냉면이 그렇게 맛있대. 아이들 데리고 나와." 하시면서 재촉이 대단하시다. 선생님 댁에서 그리 멀지 않은 곳에 있는 아주 허름하고 볼품없는, 그러나 전통 깊은 음식점인 〈대동강〉은 선생님 내외에게는 그저 최고다. 식사하는 동안도 아이들에게 무엇인가를 남겨줄 게 없나 싶어 온갖 정성을 다 기울이신다. 잠시의 시간이지만 아이들에게나 우리 내외에게나 참으로 행복한 한 때가 아닐 수 없다.

올여름에도 벌써 두 번씩이나 아이들 데리고 나오라는 사모님의 독촉을 받았다면서 들떠 있더니 며칠 전 일요일 아침에는 기어코 전화하셔서 불러내었다. 우리 내외는 작은 아이를 데리고 선생님 댁으로 가서 선생님 내외분을 모시고 그 유명한 〈대동강 집〉으로 갔더니 그날따라 공교롭게도 휴업이었다. 그래서 내가 아는 어느 칼국숫집으로 안내해 드렸더니 연신 맛있다고 하시면서 즐거워하셨다. 남의 입장을 헤아려 편안하게 만드는 데는 사모님이라고 다를 바가 없었다. 오히려 더욱 적극적인 편이라고 해야 맞을 것이다.

식사 후 모처럼의 주일 오후이니 차 한잔하시고 들어가시라고 권했더니 마침 사모님과 친분이 있는 찻집이 있다고 그쪽으로 안내하셨다. 수성못의 못물이 훤히 내려다보이는 아름다운 곳이었다. 조그마한 인연마저도 소중히 다루시는 모습이 어쩌면 두 내외가 저렇게도 닮았을까 싶을 정도였는데 주인의 인사 또한 벗어나지 않았음을 볼 수 있었

다.

또한, 우리 아이를 마치 친손자처럼 귀여워해 주시고 관심을 기울여주셔서 아이는 마치 꿈을 꾼 것처럼 감격해 하는 모습이었다. 참으로 아름다운 교육적 실천을 배울 수 있었던 시간이었다.

선생님 내외분을 보고 있노라면 '아름다운 인생에는 과연 향기가 스며 있구나'하는 감탄을 지울 수가 없다. 아울러 '인생은 모름지기 저렇게 살아야 해'하는 자각이 끊임없이 일어나게 된다.

근년에 와서는 선생님이 평생을 바쳐 연구하신 시조의 현대적 계승과 발전에 관해서도 깊은 애정을 보여주고 계신다. 모산학술연구소 안에 시조창작 교실을 부설하고 교육을 통하여 시조 문학의 장래를 굳건히 하기 위하여 애를 쓰신다. 선생님의 뜻대로 학문만이 아니라 머지않아 이제는 훌륭한 시인들도 배출될 것이다.

실로 선생님의 관심과 선생님의 행동 양식에는 아무런 제약이나 틀이 존재하지 않았다. 물론 거기에는 선생님만이 갖는 대단한 자신감과 자기 일에 대한 긍지가 강하게 깔려 있음은 두말할 나위가 없다.

언제나 긍정적이고 언제나 열정에 가득 찬 목소리로 대화를 주도하시는 선생님이지만 나는 단 한번 선생님의 눈물을 본 적이 있다. 그토록 자랑스러워하고 마음 든든해하시던 동생이 작고하셨을 때의 일이다. 물론 동생 심재인 사장이 재일교포로 일찍부터 멀리 떨어져 살아왔지만, 그 우애는 정말로 남다른 데가 있었다. 선생님보다 열 살이나 연하임에도 신병으로 갑자기 타계하시자 선생님께서 너무나 크게 상심하시고 크게 흔들리셨던 것 같았다. 근 몇 개월을 동생 이야기만 나오면 저절로 눈물에 젖어 마음을 가누질 못하는 모습이었다.

그래서 하루는 선생님의 모든 일정을 무조건 취소하도록 하고 기분 전환을 위해 야외로 모시고 나갔다. 마침 모산학술재단의 문삼수 이사장과 연락이 되어 동생에 대한 추모와 위로로 하루를 보낸 적이 있었는데 나로서는 그때의 인간적이던 선생님 모습 또한 오랫동안 지우지 못할 것이다.

모산 심재완 선생님은 산으로 보자면 큰 산이요, 강으로 보자면 대하大河요 장강長江이다. 수많은 고봉 준령을 거느린 지리산이요, 수백 수천의 지천을 가슴에 안은 낙동강이다. 어두운 파도에 내몰리는 밤배들의 등대이며 삶의 한 가운데에 자리한 이정표다.

학자로서, 서예가로서, 그리고 스승으로서 선생님이 확보하신 영역은 실로 너무나 높고도 넓다. 그러나 그에 못지않게 남편으로서, 아버지로서, 형제로서, 그리고 지금은 할아버지로서 해야 할 역할 또한 너무나 훌륭한 본보기가 아닐 수 없다.

가까이할수록 실로 놀랍기만 한, 표현 그대로 다정다감하신 이 시대의 마지막 스승이시고 어른이시다.

언제나 원칙이 분명하시고 소신이 확고하셔서 흔들림을 보인 적이 없다. 남들의 이목 때문에 뜻을 거두어들이는 모습을 보인 적도 없고 그렇다고 불의를 외면하시는 일은 더더욱 없다. 항상 긍정의 지평에서 계시고 관용의 언덕 위에 앉아 계신다.

나는 생각한다. 그리고 확신한다. 내 인생에 주어진 몇 안 되는 행운 가운데 아마도 선생님을 만날 수 있었던 것이 가장 으뜸이리라는 것을.

모산 심재완 선생님

바야흐로 매화가 돌아오는 계절이다. 기다림이 깊을수록 향기 더 맑고 손짓 더 수줍게 유혹을 한다. 이렇게 매화가 피기 시작하는 계절이면 내게도 울컥 그리워지는 사람이 있다.

"자네, 지금 시간 괜찮은가?"

"네 선생님, 무슨 급한 일이라도 …"

"팔공산에 있는 권 교수네 송광매가 볼만하게 피었다고 연락이 왔는데 한번 가봄세"

대답도 끝나기 전에 전화기 속에서는 다소 흥분된 목소리가 명령조로 들려온다.

국문학자이시고 서예가이신 모산 심재완 선생님이다. 올해로 선생님 가신지 10주기가 되었음에도 그 목소리는 여전히 선명하게 들리는 듯하다. 가만히 돌아보면 그렇게 가끔 전화를 주셔서 선생님을 모시고 함께한 시간이 생애의 가장 큰 기쁨이 아니었나 싶다. 선생님을 곁에 모시고 있는 시간은 학문의 시간이고 예도의 시간이고 법문의 시간이며 용기와 격려의 시간이었기 때문이다. 수십 년에 이르는 동안 선생님을 가까이 할 수 있는 시간이 있었지만 나 자신이 먼저 시간을 내어 달라고 부탁해보기는 쉽지 않았다. 내 아버지보다 훨씬 연상이신 선생님의 시간을 함부로 할애할 수가 없었기 때문이었다. 하지만 나는 늘 선생님의 전화를 기다렸다.

그렇게 댁으로 가서 선생님을 모시고 나오면 그날은 공자님 말씀처럼 피가 끓는 "유어예遊於藝"의 하루를 선물 받게 된다. 덤으로 근방에 있는 파계사에 들러 선친이 쓰신 비문도 둘러보시고 케이블카로 팔공산에 올라 봄을 채비하는 만물의 모습을 감상하였다. 중간쯤 어디에서 수제비나 칼국수로 점심 요기를 하고 돌아오는 길에는 어김없이 고즈넉한 찻집에 들렀다. 그럴 때면 자연의 섭리에서 놓친 삶의 깊은 철학을 들을 수 있어서 좋았다. 언제나 혈기가 왕성하셨고 언제나 자신감에 찬 모습이셨다.

한 시대를 대표하는 학자이자 교육자로서, 예술가로서, 문화예술의 행정가로서 시간을 쪼개가면서 사시는 분이 꽃구경 가자고 연락한다는 일이 상상이나 할 법인가. 어찌 그런 멋까지 가질 수 있다고 짐작하겠는가. 그러나 선생님은 항상 일반적인 상상으로는 접근할 수 없는 경계 밖의 사람이었다. 어디 그뿐이랴.

"자네 오늘 안 바쁘면 우리 집 꽃구경하러 오게. 철쭉꽃이 얼마나 곱게 피었는지 자네가 봐야 할 것 같아서 전화했네." 열 일을 제치고 달려가면 베란다를 점령하고 있는 수십 년짜리 웅장한 철쭉 화분 곁에 사모님과 나란히 앉아계셨다.

"실내 베란다여서 그런지 진달래도 아직 안 피었는데 이렇게 일찍 피었네. 내가 자네처럼 시를 썼다면 멋지게 한번 표현해볼 텐데 말아야. 그건 평생 아쉬워해도 쉽지 않단 말이야."

이런 기억을 떠올릴수록 그리움은 움이 트고 키가 자라고 꽃이 핀다. 그리고 해마다 무지갯빛의 고운 열매를 맺어 두 어깨에 잔뜩 실어준다. 앞에서 소개한 탐매探梅 이야기쯤은 책으로도 다 실지 못하겠지만 그 수많은 기억 가운데에는 정말로 잊을 수 없는 가슴 뭉클하고 감동적인 장면들만도 헤아릴 수가 없다.

내가 졸지에 어머니 상喪을 당하여 황망한 시간을 보내느라 잠시 연락을 못 하고 지낸 시간이 있었다. 선생님 전화를 받고 '아차' 싶은 생각에 달려갔을 때였다. 평소와는 달리 정장 차림을 하고 맞으시는 것이었다. 그뿐만 아니라 사모님께서도 한복을 단정하게 차려입으셨다. '어디 나들이라도 가실 데가 있나 보다'라고 짐작하며 절을 하려는데 선생님께서 말리셨다.

"오늘은 함께 보세. 자네 상주가 아닌가"

선생님 내외와 함께 맞절하였다. 부모님보다 훨씬 더 연로하신 아흔 가까운 분께서 자식보다 어린 제자에게 상주를 대하는 예의와 범절을 보여주신 것이었다.

"그래 얼마나 애통하겠는가. 진작 알았으면 빈소에라도 갔을 터인데…. 늦게야 알았네."

차를 내어와 곁에 다소곳이 앉으신 사모님께서도 말씀을 보태셨다.

"민 선생이 평소에 어머니를 대하는 효성이 지극한 줄 알고 있는데, 얼마나 상심이 클까. 하지만 빨리 털고 일어나 혼자 남은 아버지도 위로해드려야지요."

"고맙습니다. 죄인이라 무슨 말씀을 드려야 할지 모르겠습니다. 명심하겠습니다."

우리가 흔히 사용하는 말로 '교육은 말이나 글로 배우는 것이 아니라 행동으로 배운다' 라고는 하지만 이러한 장면은 그으이 당황스럽고 충격적인 상황이 아닐 수 없었다. 물론 지금껏 배워온 글과 말로는 '제상이라도 상을 당한 며느리에게 절을 하는 것이 옳다'지만 실천하는 이가 몇이나 있겠는가. 내게는 그야말로 '마음의 감동은 왜 힘이 센지'를 겪게 해 준 일생의 명장면 가운데 하나였다.

선생님께서는 살아계시는 동안 내가 펼친 스무 번이 넘는 개인전에 매번 참석하셨다. 그리고 격려사를 마다하지 않으셨다. 그 가운데서도 가장 잊히지 않는 장면은 돌아가시기 전해의 기억이다. 2010년 6월 대백플라자에서의 전시회 때인데 그때는 선생님의 기력이 그야말로 쇠약하시어 두문불출하신 지가 오래된 상태였었다. 상상조차 하지 못하고 있었는데 대학교수인 아들을 불러 부축받아 겨우겨우 걸음을 옮기시면서도 그 자리에 참석하셨던 것이다. 놀라운 것은 그뿐만이 아니었다. 누군가와 함께한 동행이 있었는데 그분 또한 근엄한 노구의 모습이었다.

"민군, 소개할 분이 있네. 부산대학교 명예교수인 박태권 교수이시네. 국문학계에서는 유명한 분이시고 …. 마침 안부 전화가 왔길래 내가 자네 전시장엘 갈 예정이라고 했더니 함께 하시겠다고 해서 모셔왔네. 부산서 올라오신 거라네."

아무리 평생을 붓만 잡고 살아왔다지만 도무지 이런 상황을 내가 어떻게 표현해야 그야말로 사실에 가깝게 묘사할 수 있을까. 그저 상대가 있으면 먼저 이해관계부터 따지고 행동을 정하는 세태의 한 부속품에 지나지 않는 나로서는 도무지 그 감동을 측량할 저울이 없다. 어떻게 살아오면 말투 하나 행동 하나가 모두 감동을 불러올 수 있을까. 아마도 선생님의 마음속에는 마르지 않고 솟는 샘과 눈이 부신 햇살과 세상을 포근히 감싸 안는 달빛과 꽃을 흔드는 바람으로 가득 차 있으리라. 과연 어떤 책을 읽어 이토록 오랜 여운과 진동을 받은 적이 있었던가.

헤아릴 수도 없이 많은 그 기억의 감동은 왜 내게로 감염조차도 되지 않는 것일까. '아마도 소귀에 경을 읽듯'이 아둔한 나의 그릇을 간파하였기에 그토록 많은 무언 설법을 하신 것인지도 모른다. 그 가운데서도 내 욕심으로 선생님의 위상에 얼룩을 남긴 죄송스러운 부탁 하나를 잊을 수가 없다.

내가 귀가 얇은 탓이라고 해야 할지, 주변 미술인들의 권유에 대구미술협회 회장 선거에 출마하였을 때의 일이다. 선거 분위기가 예기치 않게 달아오르고 과열해지자 우리 쪽 캠프에서 소위 추대식이라는 절차를 치르기로 하였다. 나는 고심하다가 선생님께 말씀을 드렸는데 흔쾌히 응해주셨다.

“자네에게 도움이 된다면 그리함세.”

선생님은 서예를 하시고 많은 미술인과의 교분이 있지만, 미술협회 회원이 아니었다. 그런데 팔순이 넘은 노학자께서 선거의 상대가 있음에도 불구하고 일방적으로 편을 들어줘야 하는 자리에 나오신 것이다. 그때는 그저 고맙다는 생각밖에 할 수가 없었지만, 두고두고 생각할수록 어처구니없는 일을 저질렀다는 자책감을 떨칠 수가 없었다. 물론 선거 결과가 그나마 다행이지 이기지도 못할 선거에서 억지로 매달려 그 자리에 세운 모습이라면 어쩔 뻔하였던가. 그것도 상대가 선생님 재직 시 동료 교수였으니 말이다. 평생 갚을 수 없는 큰 빚을 지고만 셈이다.

『교본 역대시조전서』의 발간과 같은 선생님의 학문적인 업적이나 교육적 성과는 그나마 계측할 수 있을지 모르지만 예술 지향적인 삶의 무늬와 인간적인 기품은 담아낼 그릇이 없다는 것이 안타깝다. 다만 쉽사리 닳지 않는 향기만이 맡을 뿐이다. 올해 가을이면 선생님의 10주기가 다가온다. 그 어떤 기발한 생산설비로도 만들어 낼 수 없는 선생님의 향기가 오백 년, 천년 이어질 수 있도록 ‘월인천강’과 같은 마음 그릇이 만들어졌으면 좋겠다.

유산 선생님이 주신 교훈

유산酉山은 한국화가이신 민경갑 선생님의 아호다. 돌아가시기 직전까지 대한민국 예술원 회장직을 맡으셨으니 대한민국의 예술계를 대표하는 화가이다. 또한, 영남대학교와 동덕여자대학을 거쳐 원광대학에서 정년을 마치시고 단국대학교에서 석좌교수를 오래 하셨으니 교육자시다. 개인적으로는 내 그림의 고비마다 예술혼을 불어 넣어주신 스승이시다. 1973년에 처음 대학에서 사제 간으로 만난 뒤 2018년 돌아가실 때까지 45년간 선생님을 따라 작가의 길을 걸었으니 선생님의 그림자로 부르는 놀림에도 부정할 수가 없다.

그 선생님의 유작전이 열려서 제자를 대표하여 오늘 영남대학교 박물관 전시회 개막식에 다녀왔다. 생전에 국내는 물론이거니와 뉴욕이며 파리에서도 개인전을 가졌지만, 이번 전시회는 또 다른 의미의 전시였다는 점에서 실제는 만감이 교차하였다. 선생님께서 작고하시고 유족들이 협의하여 생전에 재직하셨던 영남대학교에 150점이 넘는 작품들을 기증한 끝에 이뤄진 전시회였기 때문이다. 물론 그 많은 작품들을 한꺼번에 전시할 공간이 부족해서 대작 중심의 일부만 전시하였는데 보는 내내 가슴이 뜨거웠다. 평소에 그림에 임하는 선생님의 열정을 보아온 터이기에 그나마 뿔뿔이 흩어지지 않고 한데 모여 있다는 점이 다행스러웠다. 그러면서도 한편에서는 좀 더 일찍 선생님의 뜻이 담긴 공간 하나 마련하지 못한 안타까움에서 쉽게 헤어나오질 못했다.

그도 그럴 것이 선생님이 돌아가시기 전 투병 중일 때 나눈 몇 차례의 대화가 자꾸 떠올랐기 때문이었다. 작고하시기 6개월 전이었을 때 마침 병원에서 퇴원하셔서 댁에 계신다길래 찾아뵈러 갔었다. 월간 〈미술세계〉 사장 일행과 함께였다.

"선생님, 속히 '유산미술재단'을 하나 설립하셨으면 좋겠습니다. 선생님의 예술혼을 기리는 일도 하고 작품들을 관리하여 한국미술의 굳건한 중심축을 만들어 둘 필요가 있습니다."

그날따라 상태가 상당히 좋아 보여서 안타까운 마음으로 이 같은 건의를 드렸다.

"그래, 이제 낫거든 생각해보자."

"그러자면 우선 작품들을 좀 처리하셔서 운영기금부터 마련해야 합니다. '유산미술상'을 만들어 시상할 필요도 있습니다. 전국에 있는 관인 미술관에 작품 한 점씩 기증하시는 것도 큰 의미가 있지 않겠습니까?"

"그래, 좋은 생각인데…. 내가 이번에 나으면 준비하자."

나는 그 순간을 참지 못하고 선생님 손을 붙잡고 울컥 눈물을 쏟았다. 아무리 보아도 어려워져가는 모습인데 당신께서는 절대로 회복할 수 있다고 확신하고 있으니 이보다 더 안타까운 일이 어디 있겠는가. 선생님께서도 원칙적으로 동의하시면서도 '이제 낫거든' 하자 하시니 이 무모한 믿음은 대저 어디서 오는 것일까.

"선생님 그 아이디어 참 좋습니다. 우리 미술계에 아직 그런 사례가 없습니다."

보다 못해 곁에 있던 〈미술세계〉 백 사장도 거들었다. 눈물을 보이시던 선생님께서 뜻하지 않은 말씀을 이어가셨다.

"내가 대학과 사회에서 많은 제자를 두었는데, 이렇게 병도처럼 한결같은 사람은 없었어. 앞으로 백 사장도 이걸 알고 내 뜻이 이어지도록 항상 상의해서 하라고…."

한 번도 그런 모습을 보인 적 없었던 선생님이지만 감정이 조금은 흔들리신 모습이었다. '낫거든'을 강조하시긴 했지만, 선생님인들 왜 자신의 몸 상태를 모르겠는가. 다만 겉으로 나약한 모습을 보이지 않으려는 것뿐이었다. 그러고는 열심히 그림 설명을 이어가면서 분위기를 바꾸셨다.

그때 내 생각에는 선생님의 화실을 겸한 자택과 거의 일천 점에 이르는 작품들을 좀 정리하고 법인재단을 설립해서 선생님의 뜨거운 한국화 사랑의 정신을 이어 갈 문화사업을 펼쳤으면 하는 단순한 상상을 하고 있었다. 우리 그림을 현대적으로 계승하고 세계적인 수준으로 발전시키겠다는 일념으로 얼마나 생을 뜨겁게 불태워왔던가. 얼마나 많은 날을 번민하고 고뇌하며 밤을 새워오셨던가. 그래서 나의 그 제안에 동의하면서도 결단을 내리지 못하는 까닭을 이해할 수가 없었다.

"아이가 미국에서 돌아오면 모든 걸 상의해서…."

나는 그때서야 '아뿔싸, 이제 자식의 재산이구나'라는 생각이 들어서 더는 한 마디도 꺼내지 못했다. 참으로 어이없고 실없는 소리를 했구나 싶은 자책을 하면서 말이다. 결국, 선생님이 유명을 달리하시고 곧이어 화실이 팔리고 그림도 이렇게 명분은 갖추었지만, 화실 밖으로 내몰렸구나 싶은 생각에 만감이 교차할 수밖에 없었다.

그렇게 열정적으로 사신 분이 왜 죽음을 준비하지 못하셨을까. 나는 또 그렇게 준비하시도록 도와드리지 못하였을까. 그런 자책에 빠지면 빠질수록 아련한 영상들이 스쳐 지나간다.

멀리는 대학 시절에 촌뜨기인 나의 등록금을 걱정하여 학교 측에 작품 매입을 주선해 주시던 일, 학교 가까이 방을 얻어두고 운동하시겠다고 해서 대구로 나가 자전거를 사서 직접 타고서 가져다드리던 일, 서울 종로구 부암동의 자택 청운루로 찾아뵙던 일, 몇 차례 청도의 내 작업실을 방문하고 운문사이며 팔공산으로 여행하던 일, 대구의 화공약품 골목에서 필요한 재료를 사서 부치던 일 등 끝이 없다. 서울미술관 초대개인전이며 3 · 1문화상 시상식에는 직접 불러주시고 내가 펼친 개인전에는 어김없이 참석하셔서 축사해 주시던 일, 언제나 만날 때면 그 특유의 열정으로 한국화의 현대적 계승 의지를 강조하시던 모습들은 내게로 와 이제 무엇이 되었는가. 생각할수록 자꾸만 내가 더 작아진다.

그같이 많은 단상 가운데서도 유독 선생님의 대인다운 풍모를 느끼게 한 일 하나가 생각난다. 한번은 인사차 선생님을 방문하였는데 뜻밖의 물음을 주셨다.

"내가 지금 대한민국예술원 미술분과회장인데 예술인상을 추천하고 선정하게 되어 있네. 그런데 지방에서 혹시 자네가 추천할만한 인물이 없겠는가?"

너무도 뜻밖이어서 나는 잠시 머뭇거리다가 대답을 했다.

"예술원 회원이 아니어도 괜찮습니까?"

"원래는 예술원 회원들에게 주어지는 상인데, 밖에서도 상을 받은 경우가 한 번 있어."

"추천한다고 다 되는 것도 아니고, 혹시 추천했다가 떨어지면 본인에게 누가 될까 저어되긴 합니다."

"그래 누가 있는가? 내가 미술분과회장이니 이번에는 내가 추천하면 거의 될 공산이 커."

"계명대학교 명예교수이신 정점식 교수가 있지 않습니까? 선생님께서도 잘 아시지요. 서울에 계셨더라면 충분히 예술원 회원이 되고도 남을 분인데….”

“극재라 나도 좀 알지. 작품도 좋고 인품도 원만하고…. 자네가 추천한다면 믿을 수 있지. 좋아, 그러면 내려가거든 학장이나 누구한테 추천서를 보내라고 해라.”

대한민국예술원상이라면 상금도 상금이지만 예술인으로서는 가장 권위가 있는 상인데, 이를 제자에게 추천하라고 한 것이다. 기회가 매번 있는 것도 아니고 선생님인들 왜 추천하여 생색내면서 상줄 사람이 없었겠는가.

그런데 그렇게 시작한 일이 성사되었다. 수상자가 결정되어 정점식 선생께 알려드리러 병원으로 찾아갔을 때는 극도로 위중하셔서 눈짓으로만 알겠다는 표시를 할 정도였다. 그리고 이틀 후 정점식 선생께서는 돌아가셨다. 나는 그마나 정말 다행스럽다고 생각했고 몇 번이고 유산 선생님께 감사드렸다.

세상에 정의가 사라졌다 하였던가, 배려가 없다고 하였던가. 지방 예술인을 홀대한다고 하였던가. 이 모든 편견을 깨고 제자가 품어야 할 덕행의 본보기를 보여주신 데 대해 나는 진정으로 감사하고 감사하였다.

유산 민경갑 선생님, 그는 너무나 열정적으로 예술혼을 불사르다 가신 화가이시다. 그는 너무나도 한국예술을 사랑하신 민족주의 사상가이시다. 그리고 그는 너무나 결단력 있고 도전 의식이 강한 정복주의자이고 자신에게 엄격한 실천주의자이셨다. 그러나 다만 제 죽음을 함부로 받아들이지 않았고 자식에게는 정이 많은 한 평범한 아버지였다.

백수 정완영 선생님 추억

기세등등하던 무더위도 한풀 꺾였는지 갈대들이 바람과 실랑이를 하고 있다. 나는 해가 지기를 기다렸다는 듯이 어둠이 낮게 엎드린 강둑길을 찾았다. 기다릴 필요도 없이 달빛이 시비가 죽 늘어선 산책길을 환하게 비춰주었다. 나는 얼른 휴대전화기 속의 달력을 검색하였다. 8월 31일, 음력으로 칠월하고도 열사흘임을 알게 되었다. 그리고 보름에 버금간 달이 강물 속으로 들어가 천천히 발을 맞추어 함께 걸어가다가 문득 소스라치게 놀랐다.

"아, 오늘이 8월 31일이면 …"

백수 정완영 선생님을 문인장으로 모신 날이었다. 4년밖에 지나지 않았는데 벌써 잊고 있었구나 싶은 자책 앞에 몸 둘 바를 몰랐다. 2016년 8월 27일 별세하시고 문인장으로 예우하느라고 오일장(葬)으로 모신지 얼마나 되었던가. 그사이에 벌써 잊어버리고 추모의 묵념 한번 받들지 못하였다니 얼마나 큰 불경인가. 이렇게라도 미련한 생각을 깨우쳐준 달빛은 또한 얼마나 고마운가. 나는 그 자리에서 두 손을 모으고 부복 재배하였다.

돌이켜보면 나의 삶에 때로는 큰 강으로, 때로는 드넓은 벌판으로 자리하신 분이셨다. 백수 선생님을 처음 뵌 것은 1976년 겨울이 아니었던가 기억된다. 아마 내가 문단 활동에서 처음으로 가입한 〈영남시조문학회〉 겨울 모임에서였을 것이다. 갓 등단한 신인으로서 말석에서 이미 시조 단의 큰 산으로 자리하신 선생님께 인사를 드렸을 것이다. 그러나 정작 백수 선생님과의 인연은 그보다 한결 더 깊다. 이영도 선생님을 처음 뵙고 시조 공부를 시작하던 1973년에 이미 작은 인연이 있었으니 말이다. 이영도 선생님께서 앞으로 시조 공부를 하려면 좋은 시집을 읽어야 하겠는데 '그 첫 번째는 백수 정완영 시인이다'고 하시며 시집을 권한 일이 있었기 때문이다. 나는 당장에 이영도 선생님이 일러주신 계좌로 송금을 하고 백수 선생님의 시조집을 구매하였다. 일주일 정도 지나서 나는 백수 선생님이 직접 서명을 한 시조집 『묵로도墨鷺圖』 한 권을 받았다. 시인으로부터, 그것도 범접하기 어려운 큰 시인으로부터 받은 이 서명본 시조집 한 권은 큰 울림으로 다가왔었다. 시조에는 어떤 이야기를 담아내어야 하고 또 어떻게 풀어나가야 하는지, 이영도 선생님과는 또 다른 길라잡이로 자리매김하고 있었다.

아무튼, 그렇게 선생님을 만나 뵈었지만 내 이름조차 기억하기 어려운 관계였을 뿐이었다. 그렇게 첫 만남이 있고 난 뒤 6개월 정도가 지났을 즈음 나는 서울로 선생님을 뵈러 갔었다. 그 무렵 선생님은 주중 3, 4일을 조선일보사 근방의 한 다방에서 전국에서 찾아오는 문하생들을 맞고 있었다. 나도 그 대열에 참가하여 한 좌석을 차지하고자 문을 두드린 것이다.

당시 내 처지는 신춘문예를 통해 등단하였으나 지도해주시던 이영도 선생께서 돌아가시고 길을 잃은 심경이었던데다 백수 선생님의 또 다른 세계를 공부하고 싶었던 상황이었다. 하지만 그 무렵 내가 재임 중이던 학교가 청송이었던지라 한 달에 한 번 정도 일요일에 올라가서 시조 지도와 함께 문단 활동 전반에 관해 말씀을 들었었다. 그러기를 일 년여, 선생님께서 대뜸 시조 「기러기」를 월간지 《시문학》에 천료 작품으로 추천하시겠다는 통보를 하셨다.

"자네는 이미 신춘문예를 통과했지만 정운 선생이 안 계시는 마당에 내 문하라는 증좌가 필요하네. 앞으로 작품활동을 하는데 《시문학》

이 필요하기도 할 것이고 ….”

나는 가타부타 말할 처지가 못 되었다. 선생님의 뜻이고 배려였기 때문에 순명으로 받아들였다. 그렇게 나는 공식적으로 백수 선생님의 문하로 편입이 되었다. 그 이후로도 가끔 찾아뵙기는 하였지만, 나의 시조뿐만이 아니라 인생의 사부로 자리매김한 결정적으로 계기가 기다리고 있었다. 내 결혼식의 주례를 서주신 일이었다. 1980년 1월의 일로 '부창부수夫唱婦隨의 모범적인 가정을 꾸려가라'라는 메시지의 주례사로 기억되는 그 날 이후로 사실상 내 인생의 아버지 한 분을 다시 얻은 셈이었다.

살아가면서 학교에서 만난 스승은 사회적인 관계망이 연결해준 필연적인 만남이다. 물론 그 또한 인연이고 자신에게 주어진 행운이다. 그에 비하면 백수 정완영 선생님과 만남은 선택적 만남이다. 내가 스스로 찾아가서 본보기로 받들어 삶의 자양분으로 삼겠노라 결정하였으니 스스로 개척한 숙명과 다름없었다. 되도록 밝은 모습을 닮으려고 노력하였고 되도록 자주 만나 뵈려고 애를 썼다. 참으로 다행한 일은 그러한 시간이 오래오래 지속하였다는 사실이다. 사십 년이 넘는 세월은 갖은 스냅사진과 동영상을 추억이라는 이름으로 새겨주었고 마음의 한 수장고를 채워주었다.

여기서 그 많은 스냅과 영상들 가운데 몇 가지만 끄집어내어 시간을 거슬러 올라가 보자.

1994년쯤이었던가 선생님께서 서울 생활을 청산하고 딸이 거주하는 청주로 내려가 시실詩室 〈노백산장〉을 꾸몄다는 전갈을 받고 아내와 함께 찾아뵈러 갔었다. 딸네가 사는 집 방 한 칸을 정리하여 액자로

꾸민 선생님의 시편들이 진열되어 있고 선생님은 더욱 편안한 모습이었다. 점심을 함께한 뒤 선생님께서 먼저 선유동 여행을 제안하셨다.

“이 근처에 별유천지가 있으니 자네 오늘 나하고 여행 한 번 함세.”

“선생님, 별유천지라니요?”

“자네 내외가 여기까지 왔으니 괴산의 화양구곡을 한번 가봄세. 어쩌면 이것이 이승의 마지막 여행일지도 모르는 것 아닌가. 차를 가지고 왔으니 ….”

얼떨결에 받은 제안이었지만 가는 내내 ‘이승의 마지막 여행일 수도 있으니…’하는 말꼬리가 귓가를 빙빙 돌았다. ‘어디 편찮으신가?’ 하는 생각을 하다가도 ‘일흔 하고도 중반이시니 그런 생각이 들기도 하시겠지…’하면서 더는 묻지 못했다. 송시열이 경영하였다는 〈화양구곡〉에 이르자 예의 그 해박한 지식과 기억력으로 땀이 달아날 정도로 설명을 하시기도 하고 커다란 반석 위에 앉아서는 잠시 사색에 젖기도 하면서 꿈 같은 여행을 즐겼다. 아무리 낡은 필름에서도 쉽게 지워지지 않는 추억 하나를 선물해 주셨던 것이다.

고향 김천으로 이사를 하고 난 뒤 얼마 되지 않은 시기에 아침 일찍 전화하셨다.

“자네 오늘 가능하면 김천 좀 올라오게.”

상황을 물어보지도 않고 김천에 올라오라는 데 초점이 맞춰진 전화였기에 무조건 그리할 수밖에 없었다. 마침 그날은 다행스럽게도 김천의 모 시인과 제주도의 모 시인이 대구에서 만나기로 한 선약이 있었는데 부랴부랴 만남의 장소를 김천으로 바꾸었다. 선생님 댁으로 갔다가 직지사 선생님 시비 앞에서 기념촬영도 하고 중암中庵을 거쳐 새롭게 조성한다는 명적암明寂庵엘 올랐다. 조실 스님인 녹원 스님의 새 거처를 마련 중이라는 설명을 듣고 본사로 돌아왔다. 그리고는 어떤 스님의 안내로 녹원 스님에게 안내되었다. 마침 공양 시간이라 명실상부한 조계종단의 큰 스님으로 통하는 녹원 스님의 점심 공양에 초대된 양상이었다. 워낙에 백수 선생님과 녹원 스님 간에는 친분이 두텁다고 들어왔지만, 예고도 없이 느닷없이 진행되는 모습이 조금은 당황스럽기도 하였다.

절간의 공양, 특히 점심 공양을 기대한 것은 아니었지만 큰스님의 밥상치고는 지극히 소박하였다. 아무리 훑어봐도 밥이나 찬이 다른 것 같지는 않은데 '참으로 진지하게 진지를 드신다'라는 느낌에 나는 어떻게 먹었는지도 모를 정도로 생소하였다. 식사를 마친 뒤 차를 나누면서 백수 선생님께서 예기치 못한 말씀을 꺼내 놓으셨다.

"스님, 그간 제게 많은 관심을 보내주셨는데, 감사드립니다. 이제 앞으로 저와 관련된 일은 여기 민 군에게 맡길까 합니다. 오늘은 그 부탁을 드리러 스님을 뵙자고 한 것입니다."

"아 그렇습니까? 무슨 일이 또 있을지 모르지만 그렇게 하도록 하겠습니다."

나에게는 한마디의 언질도 없었는데 선생님의 뜻을 가지고 부르셨던 것이다. 이 상황에는 조금의 부연 설명이 필요하다. 백수 선생께서 딸과 함께 할 청주 생활을 꿈꾸며 서울을 벗어났었는데 〈노백산장〉의 여건이 생각과 같지 다시 서울로 돌아가시게 되셨다. 그때 그 시실을 장식했던 육필이며 시화 수십 점을 보관할 방법을 찾다가 녹원 스님한테 부탁하여 직지사 성보박물관에 이관시킨 상황이었다. 사찰에서 시인의 육필을 박물관에 보관하는 일은 결코 흔한 경우가 아니다. 오직 두 분의 친분에서나 있을 수 있는 일이었다. 어차피 직지사에서 백수 선생의 시조와 소장 육필을 보존하고 관리하기로 하였으니 앞으로 당신과 관련된 유업이 필요할 때를 대비한 조치라고 읽혔다.

2008년에 김천시에서 건립한 〈백수문학관〉이 세워지게 되는데 그 일이 준비되는 기간에 선생님은 기어이 고향 김천에다 집을 지으시고 이사를 오셨다. 이듬해에는 문학관의 활용방안을 마련하자며 문학관에서 문하생들과 모임을 했는데 〈백수문학제〉가 기획되었다. 지역에 거주하는 문인들이 주축으로 맡아야 한다는 권유에도 선생님의 기어코 나에게 그 책임을 맡겼다. 우여곡절 끝에 행사를 무사히 마치고 해단식 때는 진심으로 기뻐하시는 모습을 보이셨다. 30년 넘게 선생님을 봐왔지만 가장 흡족하신 표정이었다, 모든 행사를 마치고 떠나려는 나를 따로 불러 선생님의 첫 시조집『채춘보』한 권을 들려주셨다. 유일하게 직접 받아보지 못한 선생님 저서였는데 이렇게 선물로 받아들었다.

속으로는 은근히 정을 가지면서도 내색하지 않는 것이 경상도 기질이라고들 말하지만, 선생님이야말로 경상도 선비의 기질 그 자체였다. 그러면서도 시인이 아니면 아무것도 아니었을 사람처럼 잠시도 시조를 벗어놓지 못하셨다. 가만히 한 물체를 바라보기라도 할라치면 어김없이 시조 한 편을 건져내셨다. 그리고는 즉석에서 읊어내셨다. 틈만 보이면 다른 사람의 작품들을 읊조리고 당신의 시편들을 암송하셨다.

김천으로 이사를 오신 뒤로는 더욱더 편하게 자주 찾아뵐 수가 있어서 좋았다. 기다렸다는 듯이 앞장서서 직지사 경내의 시비를 돌아보다가 경내 찻집에서 들려주시는 사람 살이 이야기며 중암에 들러 관응 스님과 나누시던 법담은 또 얼마나 깊은 울림이었던가. 시장통으로 가서 즐겨 먹던 추어탕은 또 얼마나 푸짐하며 선생님의 일행 손님들에게는 항상 무료라는 찻집 〈자명紫明〉에서의 다담茶談은 또 얼마나 넘치는 호사였던가. 그럴 뿐만 아니라 선생님은 나의 작업실이 있는 청도에도 해를 그러지 않고 여러 번 다녀가셨다. 함께 운문사 북대암에도 몇 차례나 함께 올랐었고 이호우 선생의 생가와 시비 앞에서도 여러 번 포즈를 취했었다.

하지만 마치 쓰러지지 않는 갈대의 근성처럼 그토록 오랜 시간을 앓으면서도 강건하게 자신을 이기시며 수많은 명편들을 창작하시던 백수 선생이지만 어찌 세월을 피할 수 있으랴. 우리나라 나이로 아흔여덟을 일기로 세상의 인연을 놓으시는 것이 아닌가. 마침 내가 〈한국시조시인협회〉 이사장직을 맡고 있었기에 나는 '한국시조시인협회장葬'이 아닌 '문인장文人葬'을 추진하였다. '시조협회장'은 내부적으로만 의결하면 되지만 '문인장'은 전체 장르의 대표자들로부터 동의를 얻어야만 가능하다. 하는 수 없이 유족들과 상의하여 오일장으로 기간을 정하고 다른 장르의 대표자들에게 장례위원 명단을 구성하고 집행하였다. 나와 음력으로 생일조차도 한 날이어서 각별한 인연이라고 믿으며 문하에서 서성거리기를 40년 만에 직접 선생님을 보내드릴 수 있어서 얼마나 감사한 일인지 몰랐다.

타고난 기억력을 바탕으로 언제나 좌중을 놀라게 하시던 선생님이 오늘 밤쯤이면 전화를 해 주시지나 않을까. 전화 벨소리를 좀 높여둬야겠다.

꿈을 깨듯 돌아오소서

—백수 선생님의 逝去를 애도함

선생님, 백수 정완영 선생님

지금쯤 어디에 계십니까. 직지사 명적암에 올라 녹원錄園 스님과 담소라도 나누시는지요. 아니면 그토록 즐겨 가시던 찻집이었으니 〈자명紫明〉에서 메밀 차를 드시며 자작시를 읊으시는지요. 선생님께서 가시는 마지막 빗길까지 따라가 배웅을 하였음에도 도무지 선생님과 어디서 헤어졌는지 알 수가 없습니다. 아니 알려고 하지도 않았습니다. 선생님, 정녕 떠나신 것입니까. 이렇게 저희를 버리시는 것입니까. 저희는 버려진 줄도 모르고 어제도 오늘도 선생님을 찾았습니다. 저만치 성큼 가을이 오는데, 선생님께서 그토록 꿈에 그리시던 황악산 단풍이 물들 준비를 다 마쳤는데 꿈을 깨듯 가던 길 돌아오십시오.

올해 따라 유난스레 날씨가 더웠기로 그 더위 하나 때문에 거처를 옮기기야 하셨겠습니까. 그토록 많은 문하생을 길러내셨음에도 뒷전으로 내버려 둔 서운함이 그리도 크신 까닭이겠지요. 살벌하던 일경에게 맞서고 되찾은 나라를 어루만지며 지었던 「조국」인데 말입니다. 스무 권이 넘는 시조집이며 산문집, 그리고 시조 이론서에 쏟은 민족시 사랑이 얼만데 고작 더위 하나 못 이겼겠습니까. 이 땅의 아이들에게 쏟은 동시조 사랑은 또 어떻고요.

대체 무슨 까닭입니까. 누구와 무슨 약속을 하신 것입니까. 오로지 생애를 송두리째 바쳐 선생님이 이루신 시조의 숲이 이제 울울창창 그 위용을 드러내려 하는데 가위질을 멈추시면 누가 있어 기둥을 키워내겠습니까.

선생님, 생각나십니까. 나라님이 민족시를 쓰고 관심을 보이는 나라라야만 문화선진국이라 하시며 청와대에다 편지를 쓰던 일 말입니다. 그리고는 아무런 대답이 없다며 상심해 하시던 모습이라니, 생각만 해도 얼마나 망극하고 처연하던지요. 하루도 시조를 생각하지 않고 보낸 날이 없다시던 말씀이 새삼 가슴에 꽂힙니다. 정녕 아무도 따라갈 수 없는 민족시 사랑과 눈부신 결실에도 불구하고 누구처럼 '민족시의 황제'로 받들지 못한 저희의 불민함이 망극할 따름입니다.

하지만 선생님, 너무 심려치 마십시오. 선생님의 발자취가 온 누리에 가득 빛나기에 많은 후학이 그 길을 따라갈 것입니다. 영원한 현역이시던 선생님, 선생님은 가셨지만 우리는 아무도 선생님을 보내지 않았기 때문입니다.

이제 선생님은 자유로운 몸이 되셨습니다. 바람의 희롱에도 끄떡없는 연꽃이 되셨고 고향 뒷산 늘 푸른 솔바람이 되셨습니다. 언젠가 함께 거닐며 바라보던 선유동 맑은 물소리가 되었고 '열무김치 서러운' 고향 하늘의 흰 구름이 되셨습니다. 비로소 어디에도 없으면서 어디에나 계시는 절대자가 되셨습니다. 선생님, 이제 모든 근심과 걱정 다 내려놓으시고 부디 편안한 안식을 누리시기 바랍니다.

문곤 선생님을 만나다

미술품 경매사이트를 탐색하다가 우연히 눈을 번쩍 띄게 하는 작품 한 점을 만났다. 10호짜리 유화작품인데 화려한 색채의 반추상 작품으로 문곤 선생님의 작품이 틀림없었다. 나는 그 순간부터 경매가 벌어지는 시간까지 그야말로 목이 타게 기다렸다가 기어이 낙찰을 받았다. 온라인 경매였지만 내가 아니어도 누군가 선생님의 작품을 알아보고 끈질기게 따라붙는 이가 있어서 어렵사리 손에 넣게 된 것이다. 요즘 코로나 19사태로 무료함이 심해져 병이 날 지경이었는데 그 무력감이 한방에 다 날아가 버리는 기분이었다.

문곤 선생님은 고등학교 때 나에게 그림에 입문하도록 이끌어주신 분이다. 그런 선생님의 작품을 가진다는 행운은 그리 흔하게 허용되는 것이 아니었기 때문에 그 흥분이 좀처럼 삭아 들지 않았다. 그러잖아도 올해가 작고 20주년이 되는 해가 아니던가. 너무 일찍 작고하셔서 이젠 좀처럼 그의 이름을 꺼내는 이를 만나기가 쉽지 않다.

나와 선생님과의 인연은 벌써 52년 전으로 거슬러 올라간다. 청도의 모계고등학교 2학년 학기 초였었다. 시골 학교인지라 정식으로 미술을 전공하신 화가 선생님이 처음으로 부임하였다며 다양한 화재로 교내가 시끌벅적하였다. 아니나 다를까 미술부를 모집한다는 소식이 들리기 시작하였고 벌써 차출된 몇몇 이름이 거론되었다. 하지만 일주일이 지나가도 내 이름은 추천해주는 이도 없었고 불러준 이도 없었다. 물론 내가 미술 방면에서 재능을 보였던 적도 없었다. 하지만 마음속으로는 막연히 도전하고 싶었던 과목이었다. 집안에서만 몰래 낙서 같은 그림을 그려볼 뿐이다. 그때부터 나는 잘할 수 있는 과목보다 잘하고 싶은 과목에 더 예민하게 반응하고 있었던 것 같다.

4월 어느 날 점심시간에 교무실로 찾아가 미술 과목 담당이신 문곤 선생님 앞으로 가서 대뜸 "선생님, 저도 미술부 하고 싶습니다"라고 자청하였다.

"그래 스스로 찾아오는 학생은 처음이구나. 그래 부모님께서도 허락하셨고?"

"부모님 허락이 있어야 합니까?"

"꼭 그런 것은 아니고…. 차차 승낙받으면 되겠지. 오후부터 미술실에 오너라."

그렇게 해서 인연이 시작되었는데, 지금 생각해봐도 이해가 잘 안 되는 부분이 많다. 사실 나는 상당히 내성적이고 소극적인 자세를 취하던 학생이었다. 그때는 무슨 용기가 나서 일생의 방향을 좌우할 길을 자청하고 나섰는지 모르겠다.

작품을 받아들고 보니 사진상으로 보던 것보다 훨씬 더 선명하고 색상도 화려하였다. 아마도 50대에 한창 새로운 조형을 탐구하시던 때의 작품이 아닌가 짐작되었다. 내친김에 나는 선생님과 함께 한 추억의 시간여행에 나서보기로 하였다.

미술부에 들어가 매일 한 장씩의 그림을 그리면서 하루도 빠짐없이 선생님과 함께 할 수가 있었다. 갓 서른이던 총각 선생님의 열정 어린 지도와 차원이 다른 도시적 가치를 하나씩 둘씩 배워나갔다. 주말이나 방학이면 대구의 화실에서 가르치던 학생들이 청도로 찾아와 함께 그림도 그리고 여행도 하곤 하였는데 지금은 독자적인 작품세계를 구축하고 있는 곽수영 작가나 황호섭, 이배 등도 그때의 구성원들이다. 아무튼, 나는 그렇게 미술이라는 장르에 입문하였고 지금도 그 길에서 배회를 하고 있다.

대학엘 들어가서 내가 한국화를 전공으로 선택하면서 문곤 선생님과 작품으로서의 교감이나 소통에서는 다소 멀어진 것이 사실이다. 당시 내가 이영도 선생님을 만나면서 민족시인 시조를 선택하는 시점과 민경갑 선생님을 만나면서 한국화를 선택한 시점은 거의 동시적인 상황이었다. 하지만 나는 한 번도 선생님 곁에서 멀어져 본 적이 없었다. 그러는 사이 선생님은 학교를 그만두시고 대구로 나가셔서 주로 미술행정 쪽으로 진력하신 듯했다. 대구미술협회 회장, 한국예총 대구연합회장을 연이어서 하시면서 한국과 대만, 한국과 일본, 한국과 중국의 미술 문화 교류의 길을 열고 활성화하는 데 앞장을 서셨다. 가까이서 흉내 내기도 하고 배우기도 하면서 나 역시 대구미술협회 회장으로 뒤를 이어 가리라 마음먹었으나 거기까지였었다.

2000년 겨울 어느 날부터 선생님의 모습이 보이지 않았다. 사무실에도 집에도 연락도 닿지 않아서 수소문한 끝에 건강에 심각한 이상이 생겨 입원하였다는 소식을 듣게 되었다. 나는 병원마다 찾아다니면 확인하였으나 찾지를 못하다가 우연히 선생님 가족분이 그 병원에서 나가는 것을 보고 집중적으로 추적한 끝에 병실을 알 수 있었다. 그런데 이를 어쩌나, 선생님은 이미 많이 심각한 상태였었다. 전에도 아무도 모르게 암 수술을 한 적 있었는데 5년이 지나 완치되었다고 좋아한 때가 불과 얼마 전이었기에 더욱더 놀라웠다.

듣자 하니 심각한 사연이 있었다 한다. 가족의 보증을 섰는데 전 재산인 집이 강매로 날아갈 처지가 되어 홧김에 폭음을 거듭한 것이 화근이었다 한다. 하루는 병원 처방이 안 미더웠던지 며칠을 버티지 못하고 말기 암 환자들이 선택한다는 민간요법을 선택하겠다며 떠나가 버리고 병실이 텅 비어 있었다. 그야말로 속수무책이었다. 전라도 어디로 갔다는 후문만 남았으나 찾을 길이 없었다. 한편으로는 서운하기도 하고 오죽했으면 일부러 종적을 감추고자 했을까 싶어 병원 뜰에서 한참이나 망연자실하였다.

그리고 세상이 온통 캄캄한 먹물로 뒤덮인 것 같은 날들이 흘러갔다. 나는 나대로 아내한테 심각한 병이 생겨 정신을 파느라고 선생님의 근황을 잊고 있었다. 대학병원 입원실을 나와 응급실 앞을 지나다가 나는 소스라치게 놀라지 않을 수 없었다. 의료용 침대를 붙잡고 뒤따라가는 문곤 선생님 사모님의 뒷모습을 보았기 때문이다. 나는 쫓아가서 확인해보니 참혹한 모습의 선생님이셨다. 민간요법의 차도가 없이 최악의 상황이 되어서 구급차로 실려 온 상황이었다. 나는 그제야 사태의 심각성을 깨달았지만, 그저 허둥거릴 뿐이었다. 밤을 새워 내린 진단은 '너무 늦어 손쓸 방법이 없다"는 것이었다. 입원실로 옮기고 나서 나는 사모님께 간곡하게 말씀드렸다.

"이제는 더는 숨길 수도 없습니다. 예총 회장단에게도 그렇고 주변에 알려야 합니다. 그것이 선생님의 뜻일 것입니다."

"네, 민 선생님 생각대로 하세요."

나는 그 말이 떨어지기가 무섭게 예총 회장단에게 알리고 평소에 가깝게 지내던 주위 분들에게 알렸다. 충격적인 소식에 모두 허겁지겁 달려왔으나 손을 꼭 붙잡고 눈물을 흘릴 뿐 달리 대안이 없었다. 그로부터 한 달이 조금 더 지나 선생님은 유명을 달리하셨다. 담당 의사가 '3개월이 시한부'라던 진단마저도 너무 길다는 듯 서둘러 가시고 만 것이다. 나는 거의 하루도 빠짐없이 병상을 함께 지켜보았으나 한 번도 죽음에 대한 두려움을 말한 적 없이 마치 떠나온 집으로 돌아가듯이 편안히 받아들였다는 느낌이 들었다.

그때 선생님 연치가 59세, 참으로 안타까운 이별이었지만 남은 사람으로서는 최선의 예를 다하여 보내드리는 수밖에 달리 도리가 없었다. 마침 내가 대구미술협회장이라는 현직이었고 문곤 선생님 또한 대구 예술인총연합회 회장이라는 현직이어서 나는 대구시에 협조를 구했다. 정성껏 그리고 엄숙하게 준비하여 〈대구 예술인총연합회장葬〉으로 작별의 예를 갖추었다. 그리고 3주기 때 추모전시회를 가진지 어언 17년, 올해로 20주기가 돌아온다.

생전에 선생님과 교분이 두터웠던 분들이랑 가족들과도 상의를 해봐야겠다. 시간이 가면 갈수록 잊히는 것이 자연스러운 이치인데 이처럼 그리움도 함께 커지는 까닭은 어디 있을까. 젊은 날 제자들 앞에서 영화 〈샤레이드〉의 주제곡을 멋지게 부르고 주변을 폭소로 이끌던 입담이 눈앞에 선하다. 사람이 자산이라며 3백 명이 넘는 지인들의 전화번호를 외우고 깨알같이 빼곡한 주소록을 들고 다니시던 그 치밀함은 또 얼마나 많은 사람을 놀라게 하였던가. 특유의 자신감과 친화력으로 주변에 사람들을 구름같이 몰고 다니고 우리나라를 벗어나 대만과 일본, 중국까지 절친 예술가를 두고 동분서주하던 그 기백이 끊어진 필름처럼 눈앞을 스쳐간다.

파스텔 색조의 자그마한 그림 한 점 속에 이렇게 많은 시간과 기억들이 내장되어 있을 줄 몰랐다.

윗물이 흐려도
아랫물은 맑아야

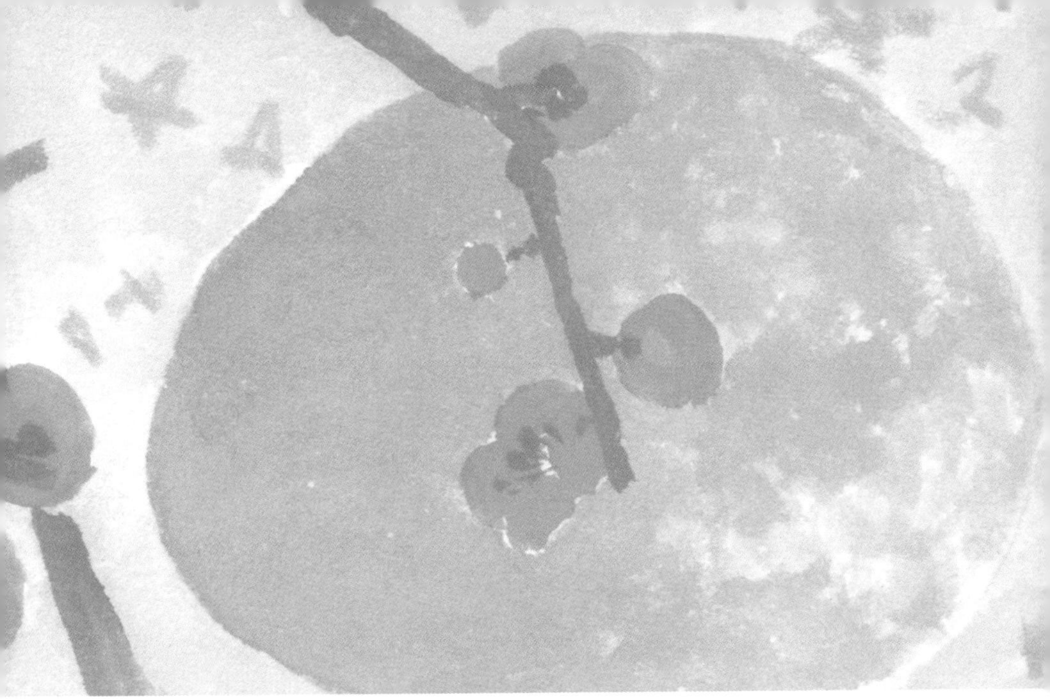

05

공모전이 없어야 미술이 산다 — 왜 문화인가 — 박수근과 그림값 — 소인배 — 뿌리에 관한 사색 — 윗물이 흐려도 아랫물은 맑아야 — 한국의 마음 — 간송의 미술사랑 — 대구미술관 건립에 부쳐

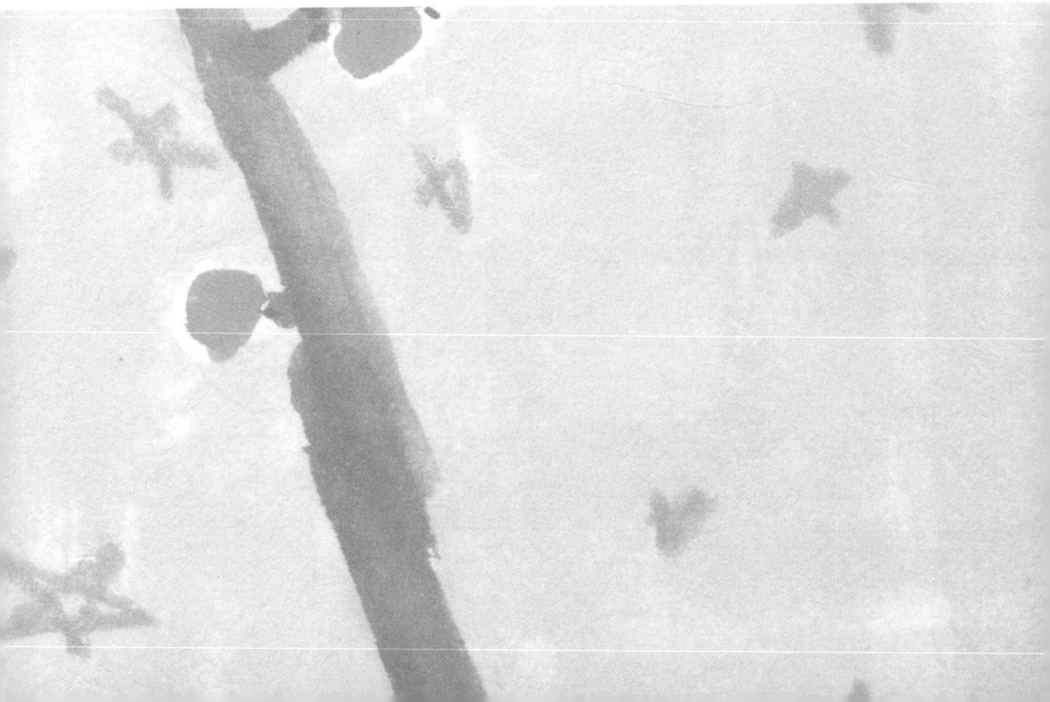

공모전이 없어야 미술이 산다

여기저기서 미술 공모전 포스터가 붙고 현수막이 내다 걸린다. 바야흐로 공모전의 계절이 돌아왔나 보다. 크게는 중앙정부의 지원으로 치러지는 대한민국 미술대전으로부터 대구미술대전, 경상북도미술대전과 같이 지방자치단체들이 주최하는 미술대전이 있고 언론사나 미술단체가 치르는 공모전이 있다. 또한, 특정 미술인들을 기리기 위한 공모전에다 목적이 불분명한 공모전까지 합치면 전국적으로 500여 개나 된다고 한다. 외양만으로는 그야말로 공모전의 나라, 미술인들의 천국처럼 보이기도 한다.

미술 공모전이란 새로운 미술작가들의 등용문이다. 자신의 기량을 평가받고 장차 자신이 나아갈 길 찾기를 위한 검증의 관문이다. 당연히 정확한 잣대에 의한 객관적인 측정과 진단이 관건이다. 고장 난 저울을 들이대거나 눈금을 읽는 눈이 잘못되었다면 올바른 측정도 진단도 기대할 수가 없다.

그러나 작금의 현실은 그렇지 못한 것 같다. 잣대가 잘못되었다거나 눈속임을 당했다는 소리는 그래도 참을만하다. 아예 사전 담합이나 고의적인 편들기도 모자라 심사위원을 매수하고 출품자에게까지 금품을 요구했다 하여 매스컴에 오르내리고 심지어 사법적 제재로까지 이어지는 실정이니 미술인 천국은 고사하고 얼굴이 부끄러운 실정이다.

모두가 조화를 잃은 결과이다. 미술이 선과 면, 형상과 색채의 조화를 통하여 인간의 정서를 감동하게 하는 데 초점이 맞추어진 예술이라고 본다면 이 같은 현상은 지극히 비정상이다. 어느 쪽이든 욕망을 조절하지 못한 결과일 것이다. 아니 두 쪽 모두의 책임일 것이다. 10원짜리 물건을 100원 받겠다고 압력을 가한 경우이든 100원짜리를 10

원짜리밖에 안 된다고 외면해버린 경우이든 부도덕하다는 질시에서 벗어나지 못하긴 마찬가지다.

과유불급過猶不及이라 했다. 아무려면 공모전이 제 자식 챙기고 제 제자 웃거름 얹어 죽이라고 만들었으랴. 사랑에서든 욕망에서든 지나치게 제 것만 챙기다 보면 상대적으로 억울한 사람이 생기게 마련이다. 예술인이기 때문에 그 길을 밟아서는 안 된다.

사람이나 식물이나 감당하지 못할 음식을 먹으면 반드시 탈이 나기 마련이다. 모유를 먹일 시기에는 모유를 먹여야 하고 이유식을 먹을 시기에는 이유식을 먹여야 건강이 지켜진다. 이유식을 먹일 시기에 잡곡밥을 먹이고도 정상일 거라고 믿는다면 그 병증이 심각하다.

하루빨리 '공모전이 없어야 미술이 산다'라는 자조의 소리가 사라지고 모두가 박수를 보낼 수 있는 공모전 하나쯤 있었으면 좋겠다.

왜 문화인가

21세기를 들어서면서 유난히 문화라는 단어를 많이 사용한다. 크게는 동양문화, 서양문화로부터 음식문화, 관광문화에다가 심지어 쇼핑, 목욕, 죽음에도 문화라는 단어를 갖다 붙인다. 나아가 21세기를 "문화의 세기"라고도 한다. 아마도 과거 지나친 경쟁의식 속에서 놓쳐버린 '문화'라는 이름에 대한 미래지향적 환상이나 동경 때문이리라

왜 모두가 이토록 손에 잡히지도 않는 문화에 주목하고 집착하는 것일까. 하지만 실제로는 문화가 어떤 것이냐고 물으면 정작 그 대답은 천차만별이다. 어떤 이는 지나간 날의 유산쯤으로 이해하기도 하고 어떤 이는 가진 사람들의 사치쯤으로 이해하기도 한다.

과연 문화란 무엇인가. 좁게는 예술 활동이나 흔적으로부터 넓게는 자연에 대립하는 인간 활동과 그 산물 모두를 일컫는다. 이를테면 사람의 손길이 미치지 않은 것을 자연이라 하고 사람이 만들어 놓은 것 모두를 문화라고 할 수 있다. 그렇다고 유전에 의한 사람의 본능까지도 문화라는 것은 아니다. 학습과 사회적 전통으로부터 습득하고 전달받은 것을 의미한다.

문화라는 말이 본래 경작이나 재배에서 유래된 점만 보더라도 자연에 인간적 욕구가 보태어진 결과물이나 과정임을 알 수가 있다. 인류의 물질적인 소산을 문명이라고 할 때 문화는 다분히 정신적인 소산이라 하겠다. 따라서 문명을 이루지 못하였다고 해서 문화가 없는 것은 아니다. 문화란 삶의 그림자처럼 힘들게 살아온 과거에도 있어 왔다.

그러함에도 왜 새삼스레 문화인가. 문화는 그 나라의 힘이기 때문이다. 문화는 상상력과 창의성이라는 뿌리에서 자라는 나무와 같다. 국제화 시대의 국가 경쟁력이 독자성과 차별화에 있다고 본다면 그 차

별화의 열쇠는 문화가 쥐고 있다. 다양한 모양의 나무들이 모여서 훌륭한 숲을 이루듯이 아직은 불확실하고 설사 기고만장한 생각들이라 할지라도 끝내는 그 나라의 자산이며 국력이 아닐 수 없다.

문화는 또한 반찬이기 때문이다. 극도로 배가 고플 때는 아쉬운 대로 밥만 있어도 생명을 유지할 수가 있다. 하지만 조금만 목숨의 직접적인 위협에서 벗어나면 반찬을 찾게 되고 반찬이 없으면 밥을 먹지 못하게 길들게 된다. 그렇다고 밥이 없이 반찬만으로는 살 수가 없다. 필요에 따라서 때로는 밥을 조금 더, 때로는 반찬을 조금 더 먹음으로써 조화를 이루어야 한다. 지금은 반찬에 대한 비중이 날로 커지고 있다.

무심코 던져놓은 씨앗에서 고목이 자라듯 문화라는 이름의 씨앗을 더 많이 뿌려야 한다. 과거의 배고픈 기억에 집착하느라고 문화를 '밑 빠진 독에 물 붓기'라고 치부해서는 안 된다. 배부른 다음에 문화를 찾는다면 그때는 이미 늦기 때문이다.

박수근과 그림값

최근 들어 우리나라 미술품 경매시장이 술렁거리고 있다. 지난해까지만 해도 소위 블루칩 대가들의 작품이 줄줄이 유찰되던 것과는 사뭇 달라진 현상이다. 그 가운데서도 단연 주목의 대상은 박수근이다. 지금까지 우리나라에서 경매된 10대 미술품 가운데 박수근의 작품이 절반인 다섯 개나 차지한 것만 봐도 이를 증명하고 남는다. 가장 최근에 팔린 〈시장의 여인들〉이 25억 원으로 1위, 〈농악〉이 20억 원으로 2위를 기록하는 등 특히 올해 들어 그의 작품은 경매 때마다 매번 최고가 기록을 경신해 가고 있다.

더욱이 가장 가난하게 살다간 화가의 작품이 가장 비싸게 평가받는다니 아이러니가 아닐 수 없다. 그렇다면 왜 박수근의 그림인가. 무엇보다도 그의 그림에는 한국적인 향수와 서정이 물씬하다. 어쩌면 된장 맛과도 같고 화강암에 새겨진 마애불 같은 질감이 우리네 잠재된 정서들을 자극하여 높은 인기를 불러오고 있다. 그러나 무엇보다도 학력이나 출신과 같은 사회적, 경제적 지원 없이 한국의 최고를 이루었다는 작가정신에 있을 것이다.

박수근은 6·25전쟁 후 미군 PX에서 초상화를 그려주고 가족을 먹여 살렸다. 초등학교만 나와 미술 교육 한번 제대로 받지 못하고 독학으로 그림을 그렸고, 돈이 없어 백내장 수술을 미루다가 한쪽 눈을 실명했다. 말년에는 청량리 위생병원에서 간 경화 치료를 받다 퇴원 후 세상을 떠났다.

생전에 그의 그림을 알아주는 이들은 대부분 미국인 부인들이었다. 밀러, 지머맨 등 이들 후원자들에 의해 박수근의 200점이 넘는 그림들이 미국으로 건너갔다고 한다. 너무나 헐값에 팔려나간 그 그림들이 지금 고국으로 되돌아와 수십억 원씩에 팔리고 있는 것이다.

물론 1,400억 원을 넘어서는 피카소의 작품이나, 장 샤오캉 등 중국 작가들의 작품이 80억 원에 팔리는 것과 비교하면 한국 근대회화의 상징인 박수근의 그림 값은 이제 시작이라는 주장도 있다. 이렇게 작가의 뜻이나 상황과는 무관하게 그림값이 오르는 까닭은 그림을 재산 증식의 수단으로 여기기 때문이다. 따라서 그림이나 골동품 같은 문화유산의 값어치는 국가 경제의 성장과 비례한 상징적 의미가 크다.

그의 작품 〈빨래터〉가 경매를 앞두고 있어 또 한 번의 기록경신이 눈앞에 와있다. 40여억 원에 거래가 이루어질 전망이라니 50달러에도 고마워하던 그의 힘겨웠던 삶이 더욱더 안타깝게만 느껴진다. 지금도 이 땅에는 제2, 제3의 수많은 박수근이 작품에 생애를 바치고 있다. 이제는 살아있는 박수근에게도 관심을 기울일 때가 되었다.

소인배

이성계가 고려 왕권을 접수하는 역성혁명을 준비하면서 빠뜨릴 수 없었던 일 가운데 하나가 동조자들의 포섭이었다. 당연히 당대 최고의 충신이던 포은 정몽주에게도 그 회유의 손길이 미쳐왔다. 혈기 왕성한 청년 이방원의 초대에 나가게 된 56세의 재상 정몽주에게 어머니 영천 이씨는 염려스러운 마음으로 시조 한 수를 건넸다.

'까마귀 싸우는 골에 백로야 가지 마라/ 성낸 까마귀 흰빛을 새 올세라/ 청강에 좋이 씻은 몸을 더럽힐까 하노라.'

물론 중국 고사에 나오는 '청강'까지 인용하면서 불행을 막아 보고자 한 어머니의 이 같은 우려에도 불구하고 정몽주는 왕권찬탈이라는 야욕의 희생자가 되고 말았다.

여기서 눈여겨볼 대목은 까마귀와 백로의 등장이다. 군신의 도리와 충절을 지키는 대인군자를 백로로 표현하고 자신의 욕구충족을 위해 변명과 속임수로 일관하는 소인들을 까마귀에다 비유하고 있다. 어쩌면 다소 무리한 흑백논리이며 이분법적 분별지라고 치부할 수도 있겠으나 대인과 소인을 지칭하는 이 같은 표현은 이후로도 조선조 내내 즐겨 사용되었다. 그만큼 대인과 소인배에 대한 경계심과 시시비비가 끊이지 않았다는 방증이기도 하다.

그렇다면 누가 대인이고 누가 소인인가. 사전적인 의미로는 학문에 깊이가 있고 덕성이 뛰어나며 행실과 인품이 뛰어난 사람을 대인, 혹은 군자라 하고 상대적으로 학식과 덕성 및 인품을 갖추지 못한 사람을 가리켜 소인이라 한다. 하지만 이처럼 부족하다는 의미 외에도 도량이 좁고 간사하여 해를 끼치는 무리를 낮추어 소인배라 부른다.

예로부터 유교에서는 흔히 소인배로 규정짓는 4가지 기본을 제시하고 이 가운데 한 가지만 지녀도 얼굴을 맞대지 말아야 할 상대로 각별히 경계하였다. 첫째가 간姦으로 마음이 간사한 사람, 둘째는 흉凶으로 마음이 흉악한 사람, 셋째가 계計로 아주 계산적인 사람, 넷째가 독毒으로 아주 독한 사람이 이에 해당한다.

그렇다. 소인은 언제나 자신을 위해 일을 하고 대인은 항상 남을 위해 일을 한다. 대인은 남을 먼저 챙기고 소인은 자신을 먼저 챙긴다. 소인은 남의 흠을 잘 파헤치고 대인은 자신의 흠을 잘 찾아낸다. 소인은 보복하려 하고, 대인은 용서하려 한다. 소인은 상대를 쓰러뜨리는 법을 잘 알고, 대인은 상대를 일으켜 세우는 법을 잘 안다.

오늘날 이 땅에는 소인배들로 만원이다. 까마귀도 백로도 뛰어난 화장술과 위장술 뒤에 숨겨져 식별이 쉽지가 않다. 특히 경계하지 않으면 자칫 속은 뒤에도 속은 줄도 모른다.

뿌리에 관한 사색

화실의 빈 뜰에 선 키 큰 벚나무에 기대어 앉노라면 갑자기 그 큰 덩치를 지탱하고 있는 땅속의 뿌리가 궁금해진다. 무슨 마음으로 자신은 드러내지도 않은 채 수십, 수백 년을 한결같이 잎새와 가지를 받드는 것일까. 어쩌면 저리도 변함없이 꽃의 화려함을 시샘하지 않고, 열매의 풍요함을 탐하지 않은 채 평생을 하루 같이 깊어질 수 있을까.

나무의 뿌리는 눈으로 보이지 않는다. 굵기가 얼마나 되는지, 깊이가 얼마인지 가늠할 수가 없다. 뿌리를 감싸고 있는 토양은 얼마나 비옥한지, 물기는 적당한지 알기가 어렵다. 하지만 나무줄기나 잎의 상태를 보면 미루어 짐작할 수가 있다. 줄기가 힘차게 뻗어있고 잎이 무성하면 뿌리의 상태가 건강한 경우다. 꽃이 곱고 향기롭거나 열매가 튼실하면 아주 건강한 상태이고 그렇지 못하면 뿌리가 병약하거나 토양의 환경이 적합하지 않은 상태이다. 어느 경우든지 나무의 모습에 그대로 드러나기 마련이다.

사람에게도 뿌리는 있다. 정신이 곧 그것이다. 나무의 뿌리와 마찬가지로 눈에는 보이지 않지만, 정신에도 굵기가 있고 깊이가 있다. 정신을 감싸고 있는 시간적 환경과 공간적 환경이 있다. 얼른 보아서는 얼마나 건강한지, 사회성은 어떠한지 알기가 힘들다. 오히려 자기 보호만이 목적인 나무의 뿌리에 비해 위장과 속임수로 남을 해코지할 수 있다는 점에서 더더욱 분별이 쉽지 않다.

그러나 조금만 유심히 관찰해보면 그 실체는 금방 드러난다. 산 같이, 바다 같이 언제나 언행이 일정한 사람은 정신 또한 건강한 경우일 것이고 카멜레온처럼 시시각각으로 모습을 바꾸는 사람은 정신에 문제가 있는 경우일 것이다.

그나마 나서서 잘난 척하는 경우는 유난을 떨어대는 모습으로도 진단이 가능하고 치유에 대한 한 가닥 희망이라도 있다. 하지만 잘난 줄 아는 사람은 진단도 쉽지 않을 뿐만 아니라 치유에 대해 확신을 하기가 어렵다. 그야말로 불치병이다.

하지만 정신의 경우 나무의 뿌리와는 달리 비록 주어진 환경이 나쁘더라도 자신을 개선해 나갈 수 있는 '자기 계발'이라는 신이 주신 명약을 지니고 있다. 뿌리가 자신이 처한 숙명적 한계에 지극히 취약하다고 본다면 사람은 직접적으로나 간접적으로 그 토양을 개선해 나갈 수가 있다. 화학비료보다는 퇴비를 준비할 수 있고 빗물을 기다리는 대신 샘을 팔 수 있고 암반에 부딪혀 절망하는 대신 그 바위를 뚫을 기계를 마련할 수가 있다. 나보다는 우리에게 손을 내밀 수 있고 과거를 거울삼아 보다 바람직한 미래를 열 수가 있다.

나무가 나직이 말을 걸어온다. 뿌리가 깊으면 태풍에도 흔들릴 뿐 쓰러지지 않는다고.

윗물이 흐려도 아랫물은 맑아야

청마 유치환 시인이 일선 중학교 교장 시절의 한 일화다. 문예 담당 선생님으로부터 교내 백일장을 통해서 장원을 차지한 학생의 작품을 접하게 된 청마는 그 학생을 교장실로 불렀다. 그리고는 대뜸 학생에게 큰 소리로 나무랐다. “이놈아 너 같이 글 잘 쓰고 공부를 잘해 장차 이 나라를 이끌어 나가야 할 학생이 뭐가 어째! ‘윗물이 맑아야 아랫물이 맑다’라고…? 윗물이 맑지 않으면 그냥 그대로 더럽게 내버려 둬야 한다 그 말인가?” 응당 칭찬하시려고 불렀겠지 싶었던 학생은 깜짝 놀라 두 눈이 휘둥그레졌다.

내용인즉 학생이 쓴 글이 ‘윗물이 맑아야 아랫물이 맑다’라는 취지의 산문이었는데 선생님들로부터 학생다운 자세이며 모범적인 문장력이라며 최고상으로 정해서 결재 서류가 올라왔다. 교장의 이 같은 태도에 놀란 반응을 보인 것은 선생님도 마찬가지였다.

청마는 다시 말을 이어갔다. “그래 일등을 한 것은 축하할 일이고 또 글솜씨도 좋구먼. 허나 내가 아쉬워하는 것은 자네 정도의 학생이라면 ‘윗물이 흐려도 아랫물은 맑아야 한다’라고 썼어야 하지 않겠는가 그 말이야. 그래야 세상이 발전하지 않겠어?” 옆에서 듣고 있던 선생님도 그제야 고개를 끄덕거렸다.

과연 창의성을 생명으로 하는 당대 최고의 시인다운 생각이고 지적이다. 자칫 과거의 경험에 의존하는 학습은 이해가 빠르지만, 의식을 정체하게 할 우려가 있다. 의식의 정체는 교육의 효과를 그만큼 반감시키기 마련이다. 교육의 올바른 선택은 비록 검정할 수는 없더라도, 그리하여 불확실성이 크다 할지라도 미래의 가치를 존중함이 마땅하다. 하지만 이러한 상황에서 이 같은 생각의 깨우침을 줄 수 있는 자가 얼마나 될까.

청출어람青出於藍이라고 하지 않았는가. 남藍이란 본시 그 잎으로 푸른 염료를 만들어 내는 쪽 풀이지만 거기서 추출한 청색은 쪽 풀보다 더 푸르다는 뜻이니 스승보다 나은 제자가 나와야 세상은 발전하는 것이다.

무릇 세상의 모든 생명체는 각기 다른 에너지를 양식으로 그 생명력을 유지한다. 어떤 것은 스스로 땀에 의지하고 어떤 것은 외부의 충격에 의지하기도 한다. 또 더러는 과거를 양식으로 하고 더러는 미래를 에너지로 해서 자신을 변화시킨다. 청마의 이 같은 지적은 청靑을 추출하려는 교육자로서의 더 적극적인 자세이자 열린 미래를 향한 길 안내에 불과할 것이다.

아무리 훌륭한 자질을 지녔더라도 유능한 길잡이의 도움 없이 에베레스트를 오른다는 것은 불가능하다. 지금 우리에게는 국가의 미래를 내다볼 줄 아는 유능한 길잡이가 필요하다.

한국의 마음

퓰리처상과 노벨문학상을 받은 미국의 소설가 펄벅은 한국을 소재로 1963년에 쓴 소설 〈살아있는 갈대〉에서 "한국은 고상한 국민이 살고 있는 보석 같은 나라다"라는 표현으로 또 한 번 우리나라에 대한 애정을 나타내었다. 그의 우리나라에 관한 관심은 1950년 〈한국에서 온 두 처녀〉라는 소설로 이미 잘 알려져 있었지만, 전쟁의 폐허를 딛고 겨우 일어서기 시작한 한국에 대한 미국인들의 이해를 넓히는데 이바지한 바가 적지 않았다.

펄벅의 한국에 대한 애정은 그러나 결코 피상적인 것이 아니라 직접 피부로 느낀 체험으로 이루어진 것이었다. 1960년 10월 그는 한국을 방문했다. 덜컹거리는 차를 타고 안동으로 가는 시골길을 달리고 있는데 갑자기 펄벅이 소리치며 차를 세웠다. 일행이 놀라 차를 세우고 밖을 내다보았지만, 지게에 볏단을 짊어진 농부가 소달구지를 끌고 가는 모습 외에는 별다른 것이 없었다. "농부도 볏단을 지고 걸어가다니…!" 펄벅은 몹시 놀란 표정으로 좀처럼 흥분을 가라앉히질 못했다. "미국이라면 아마도 지게의 짐도 달구지에 싣고 농부도 올라탔을 거야. 소의 짐마저 덜어 주려는 저 마음의 배려, 내가 한국에 와서 보고 싶었던 모습이 바로 저것이었어!"

펄벅을 매료시킨 한국의 모습은 그뿐만이 아니었다. 경주 여행 중에도 차 안에서 바깥을 내다보던 펄벅이 감나무 끝에 달린 몇 개의 따지 않은 감나무를 보고 일행에게 물었다. "저 꼭대기의 열매들은 따기 힘들어 그냥 두는 거냐?"고 물었다. 일행이 "까치밥이라고 해서 먹을 것이 부족한 겨울새들을 위해 남겨둔 것"이라고 설명하자 또 한 번 탄성을 질렀다. "바로 저것이야, 이것 하나만으로도 나는 한국에 잘 왔다고 생각해요."

그렇다. 펄벅이 본 것은 지금은 사라져버린 고향의 풍경, 바로 한국의 마음이었는지 모른다. 당시 세계적인 명성의 펄벅이 1964년에는 아예 펄벅재단을 세워 한국지원에 나서고 1968년에 다시 세 번째 한국 관련 소설인 〈새해〉를 발표하는 등 진정한 한국 사랑을 실천하도록 감동을 준 이 '고상한 국민'의 마음을 지금 우리는 얼마나 잘 간직하고 있을까?

낡고 초라한 헌 옷을 벗어버리듯 경쟁적으로 과거를 잘라내고자 한 것은 아닐까. 파면 팔수록 어둠이 깊어지는 우물처럼 어둠을 버리겠다고 물마저 함께 포기한 것은 아니었는지. 우리가 그토록 버리려고 한 유산들이 저들에게는 왜 아름답게 비쳤을까.

다시 '한국의 마음'으로 돌아가야 한다. 어쩌다가 가난과 부끄러움을 하나로 이해하게 되었는지 모르지만, 가난을 떨쳐내면서 혹시 우리의 그 소중한 여유와 베풂마저도 함께 잘라버린 것은 아닌지 되살펴볼 일이다. 한낮에 별을 볼 수 없는 까닭은 하늘에 별이 없어서가 아니라 더 밝은 태양으로 인해 다만 느끼지 못할 뿐이다.

간송의 미술사랑

간송 전형필의 미술사랑은 독립투사의 애국심 못지않게 각별하고 단호하였다. 1906년 서울 종로 거부의 아들로 태어난 그는 그 많던 재산을 우리 미술품을 사는데 죄다 쏟아 넣었다. 스승인 위창 오세창으로부터 미술품에 눈을 뜨게 된 간송은 많은 경우 일본에 빼앗기지 않기 위하여 아무리 비싼 값이라 할지라도 반드시 손에 넣고야 말았다.

1935년 어느 날 일본인 골동품상 마에다의 가게에는 긴장감이 감돌고 있었다. 탁자 위에는 옥빛 맑은 하늘 가득 하얀 꽃구름이 흐르고 수십 마리의 학이 날갯짓하는 아름다운 고려 상감청자 한 점이 놓여 있었다. "2만 원 내시오!" 마에다는 아무리 돈이 있는 조선 청년이라지만 그 값에는 설마 살 수 없겠지 하는 마음으로 거금을 제시하고는 간송의 눈치를 살폈다. 그도 그럴 것이 당시 서울의 기와집 한 채 값이 1,000원이었으니 그 자그만 청자 하나가 기와집 20채의 값이었기 때문이었다. 잠시의 침묵이 흐르고 조선 청년은 "2만 원에 사겠소."라며 미소를 지었다. 식민지의 애송이가 도저히 그 많은 돈을 주고 사지는 못하리라 싶었던 마에다는 사색이 되어 어쩔 줄 몰라 했다. 고려청자 최고의 명품으로 꼽히는 이 〈청자상감운학문매병〉(국보 68호)은 이렇게 간송 전형필에게 넘어오게 되었다.

자존심이 상한 쪽은 마에다 만이 아니었다. 심지어 조선총독부 박물관도 나섰으나 엄청난 가격 때문에 포기하고 자존심 강한 일본 굴지의 수집가 무라카미가 간송을 찾아와 4만 원을 주겠다며 유혹했다. "이 청자보다 더 좋은 물건을 나에게 가져오면 이 매병을 원금에 드리지요." 간담을 서늘하게 하는 간송의 이 한 마디에 무라카미도 더는 말을 붙이지 못했다.

간송의 이러한 미술품 구매사례는 극단적인 한 예에 불과하다. 기와집 일곱 채 값으로 산 청화백자철채문병(보물 241호), 기와집 다섯 채 값으로 산 훈민정음 원본(국보 70호) 등 이루 헤아릴 수가 없다.

또 한번은 영국 출신으로 일본에서 변호사로 있던 개스비가 소장품을 일괄 처분하려고 한다는 소식을 듣고 공주에 있는 5천석 지기 전답을 모두 팔아 일본으로 건너갔다. 개스비가 가진 소장품은 고려청자 10점으로 우수한 작품들이었다. 그는 두말하지 않고 10만 원, 기와집 50채 값으로 몽땅 사 들고 왔다. 훗날 그 가운데 2점은 국보로, 2점은 보물로 지정이 되었다. 현실적 이익과 함께 개인적 부를 버린 그의 판단은 결과적으로 엄청난 애국을 한 셈이다.

요즈음 미술시장이 뜨겁게 달아오르고 있다고 한다. 하지만 지금 유입되는 돈은 간송의 그것과는 판이하다. 거창하게 애국심까지야 운위할 필요가 없더라도 미술에 대한 사랑이 전제되지 않으면 투기판으로 전락 할 수도 있기에 경계하지 않으면 안 된다. 미술품은 결과적으로야 자산이겠지만 결코 돈으로 유혹할 대상은 아니기 때문이다.

대구미술관 건립에 부쳐

마침내 대구시민들의 숙원이던 시립대구미술관 건립이 시작되었다. 특히 가장 많은 미술 인구를 가졌으면서도 철저히 외면당해야 했던 미술인들이 갖는 기대는 더욱 각별한 것이리라. 비록 늦었지만 지금이라도 시대사적 사명감으로 철저히 준비하여 21세기 선진문화시민의 대열에 합류할 수 있게 되기를 기대한다.

하지만 지금까지의 상황 전개로만 보면 기대 못지않게 우려 또한 적지 않다. 우선은 7년 전에 확정된 설계대로 건설한다는 것 자체부터 문제점을 안고 있다. 자재나 외형만 놓고 보아도 독자적이거나 차별성을 갖추었다고 보기 어렵다. 또한, 입지 선정 때부터 지적되어 온 문제지만 접근성 또한 내세울 만한 조건이 못 된다. 그렇다고 내용물을 구성할 넉넉한 예산이 뒷받침된 것도 아니다. 더욱 중요한 것은 아직도 정작 어느 방향으로 갈 것인지에 대한 정확한 방향성 설정이 불분명하다는 점이다.

게다가 기존의 건립추진위원회를 폐기하고 첫 삽도 뜨지 않은 채 서둘러 개관추진위원회를 구성하는 등 일관성 잃은 절차의 난맥상 또한 걱정이 아닐 수 없다. 더욱이 대구미술관이 현재의 위치에 건립되어서는 안 된다고 주장하던 사람에게 소위 개관추진위원회 위원장직을 맡겼다는 것도 대구시민의 자존심을 상하게 하는 문제다.

명칭만 해도 그렇다. 사실 〈대구시립미술관〉은 미술관 건립의 성격이지 이름이 아니다. 〈대구시〉가 세운 〈미술관〉이란 뜻으로 엄밀히 말하자면 고유의 이름이 없는 상태다. 굳이 고집한다면 '시립 〈대구미술관〉'이 맞다. 다른 도시의 경우를 모방할 필요는 없다.

대구는 미술의 도시다. 굳이 찬란했던 신라미술의 맥을 잇대지 않더라도 경북과 더불어 한국미술의 요람이다. 또한, 근현대 미술의 중요한 전기를 이루었을 뿐만 아니라 지금도 출향 작가들이 국내외적으로 가장 왕성한 활동영역을 점하고 있다.

따라서 대구미술관은 다른 어느 도시와는 다른 차별성을 지녀야 한다. 그것만이 존립의 이유이며 그것만이 대구미술의 자존심이다. 그리고 대구미술의 미의식으로 전통을 세워야 하며 다음 세대를 위한 시대사의 거울로 만들어야 한다.

연간 수십억 원씩의 적자를 내면서도 그저 또 하나의 미술관으로 전락해버린 부산이나 광주 등 여타 광역시 시립미술관들의 경우를 타산지석으로 삼아야 할 것이다.

급히 해치우려 해서는 안 된다. 애당초 서둘러 확정해버린 설계도 때문에 지금도 발목이 잡히는 것처럼 지금이라도 대구미술관의 성격과 방향성을 바르게 하지 않으면 안 된다. 어떤 미술관을 세울 것인지가 분명해져야 하고 무엇보다도 시민의 동의가 필요하다.

국립현대미술관의 짝퉁을 생각한다면 역사에 돌이킬 수 없는 범죄가 아닐 수 없다. 개인이 짓는 경우라면 탓할 일이 아니나 자치단체에서 짓는다면 유구한 역사성의 맥락에서 속단이나 오진誤診을 막아야 한다. 그것이 시민들로부터 부여받은 자치행정의 책무일 것이다.

인간의 조건

06

살색에서 살구색으로

화실 뜨락의 살구나무에서 살구가 누렇게 익어간다 싶더니 어느새 후둑후둑 떨어진다. 불과 몇 개월 사이에 연분홍 꽃으로부터 초록 열매를 거쳐 이제는 보기만 해도 입안에 군침이 도는 잘 익은 열매가 된 것이다. 어쩌면 새로운 세상을 맞이할 준비가 끝난 것이리라. 하지만 자기 스스로 이름 짓지 않는 이 붉은빛 노랑 색깔을 우리는 살구색이라고 부른다.

색깔은 이처럼 빛이 드러내어 보이는 사물의 차별화된 성질을 말한다. 그리고 그 색깔은 시각적으로 작용하여 감정을 움직이게 하므로 사람들은 여러모로 그 색깔의 힘을 빌리기도 한다. 색깔의 쓰임새에 대한 필연성 또한 세계적으로도 크게 다르지 않아 '만셀 표준색상'이라는 통일된 기준을 정하여 사용하고 있다. 물론 나라에 따라서는 민족적 정서와 번역상의 차이에서 생기는 거리감으로 인해 완벽하게 단일화시킬 수는 없겠지만 말이다.

특히 우리 민족의 색깔에 대한 정서는 더욱 민감하고 더욱더 그 활용범위가 넓었다. 이를테면 우리가 고유의 색으로 내세우는 오방색만 해도 지리적 위치에조차 특정한 색깔의 의미를 부여하지 않았던가. 그러고 보면 월드컵 경기 때 붉은 악마들이 주홍빛 옷으로 통일하여 응원하는 모습이라든가 한민족축전 같은 데서 남북한 동포가 '하늘색 지도'가 그려진 한반도기를 들고 함께 입장하는 모습이 결코 우연만은 아니다.

그런데 지금까지 대수롭지 않게 '물색'이니 '산색'이니 '살색'으로 불러왔던 우리네 색깔 이름들을 마음대로 부를 수 없을지도 모른다. 이제는 살구색을 말하면서 지금까지와 같은 익은 살구를 떠올릴 수 없을

는지도 모르겠다. 왜냐하면, 지금껏 우리가 피부색으로 알고 있었던 '살색'을 다시는 '살색'으로 부르지 못하고 '살구색'으로 불러야 하기 때문이다.

지난달 국가인권위는 최근 기술표준원이 이번 달 KS표준의 관용색 명칭을 개편하면서 기존의 '살색'에 해당하는 명칭을 '살구색'으로 최종적으로 확정했다고 발표하였다.

이에 앞서 2001년 11월 가나인 커피 딕슨 씨 등 외국인 4명과 성남 외국인노동자의 집 김 모 목사는 "특정 색을 살색으로 명명한 것은 헌법11조의 평등권을 침해할 소지가 있다"라며 기술표준원장과 3개 크레파스 제조업체를 상대로 진정서를 내었었고 이에 대해 국가인권위가 "인종과 피부색에 대한 차별적 인식을 확대할 수 있다"라며 개정을 권고한 바 있다.

이에 따라 기술표준원은 KS표준에서 살색을 없애고 문구류 등에서는 살색의 계통색 명칭인 '연주황軟朱黃'을 사용했다가 또다시 한자어 '연주황'을 한글 이름 '연한 노랑 분홍'으로 변경하고 문구류 등에서는 '연주황'을 계속 사용해 왔었다.

그런데 이번에는 초, 중등 학생 6명이 지난해 8월 "지나치게 어려운 한자어인 연주황'을 사용하는 것은 어린이에 대한 차별이다"라며 인권위에 진정을 제기해오자 논란을 거듭한 끝에 지난달 결국 살구색'으로 확정했다.

물론 따지고 보면 살색이란 참으로 불특정하고 어정쩡한 이름이 아닐 수 없다. 피부가 좀 더 밝은 사람도 있을 것이며 또 어린아이의 살색과 노인의 살색은 너무나 다른 것이 사실이다. 하지만 지금까지는 아무도 이 융통성 많은, 그러나 황당한 약속에 대해 이의를 제기한 사람이 없었다. 이제는 세계적으로 용인되지 못하면 민족 특유의 감정이나 정서마저도 국제적인 규격품으로 재생산하지 않으면 안 될 세상이 된 것이다.

이 시대에 전업 미술가로 산다는 것은

우리나라에도 10여 년 전부터 전업 미술가라는 용어가 등장하기 시작하였다. 글자 그대로 미술 행위를 생계 수단으로 삼고 창작활동을 하는 미술가를 일컫는다. 한국미술협회 회원을 기준으로 볼 때 최소한 그 절반인 1만 2천 명 이상은 전업 작가로 분류할 수 있다. 미술 하나의 장르만 해도 그러니 전체 예술인들을 합치면 실로 그 숫자가 적지 않다.

다른 직업을 가지지 않고 오로지 미술 작품의 창작을 위하여 자신의 생명을 바친다는 일은 아마도 문화적 순교에나 비견될 거룩한 일이 아닐 수 없다. 물론 산업구조의 급격한 변화에서 외면당하고 소외되어 온 문화의 터전을 자긍심 하나로 지켜낸다는 일은 결코 값으로 대가를 지불할 성질이 아닐 것이다. 하지만 이 시대의 전업 작가들은 너무나 많은 고통과 희생을 강요받고 있다.

단순히 경제 논리로만 접근해서 안 되는 부분이 정신문화의 영역이다. 조금만 깊이 생각해보면 '문화란 곧 한 국가의 힘'이라는 점을 알 수가 있다. 미술은 시각적으로 접근하는 속성상 역사적으로 봐도 모든 문화의 첨병 역할을 해 왔다. 예를 들어 300년 전에 그려진 그림 100점이 발견되었다고 가정해 보자. 작품의 질적인 가치는 차치하고라도 우선 미술관이나 박물관에 문화유산으로 등재될 것이다. 그 작품이 제작 당시에는 비록 평가받지 못했다고 해도 200년이라는 역사성과 보존의 희소성이 자산적 가치를 확보해 주게 된다.

미술 작품은 길게 보면 작가 개인의 것이 아니라 그 나라의 자산이라는 관점에서 접근하지 않으면 안 된다. 따라서 전업 작가는 당연히 국가적 지원과 보호를 받아야 한다. 지금 당장에 수요가 없다고 해서 폐기하는 공산품이나 농산물과는 다르다. 지금이라도 국가적 재인식이 절실하다.

혹자는 말한다. 국민의 소득과 나라의 살림살이가 몇 곱절 좋아진 지금이 미술인들에게 가장 혹독한 시기라고. 과거 조선 시대에는 화가들을 전문적으로 길러내던 〈도화서〉라는 직제가 있어 녹봉을 받으면 생계 걱정은 하지 않았다. 하다못해 60~70년대 군사정권시절에도 전시 팜플릿 발송비를 3종으로 처리하여 혜택을 주었다. 그런데 어느 때부터인가 정부의 눈에는 어렵사리 개인전을 여는 화가가 봉으로 보였던 모양이다.

몇백, 몇천 통씩 발송하는 전시회 카탈로그를 한해에 몇 장 부치는 편지와 같이 취급하여 수입 챙기기에만 골몰한 것이다. 게다가 그나마 다행히 잠복하긴 했지만 근 10년 넘게 미술품거래 양도세 신설을 법제화하겠다는 엄포와 줄다리기는 정부와 국회의 문화 정신이 몇 점인지를 확인시켜 주기에 충분했다. 중요한 것은 미술품을 일반 상품과 같이 취급해버리는 그 정신의 후진성을 극복하지 않는 한 문화민족의 차별성이 개선되지 않는다는 점이다.

최근 최저임금제를 둘러싸고 벌이는 노조와 정부 간의 대결 양상을 보면서 전업 작가들은 아예 할 말을 잃어야 했다. 월 최저임금 700,600원, 전업 작가들에게는 꿈같은 이야기다. 언젠가 한 미술 잡지에서 전업 작가들의 월 평균 수입을 20만 원 정도라고 발표한 적이 있다. 산술적으로 그 돈으로는 이 땅에서 생명을 보전할 수가 없는 수입이다. 미술대학까지 나와서 혼자서 작품 구상하고 혼자서 제작하고 혼자서 홍보하고 혼자서 판매하여 물감 값에도 못 미치는 돈을 벌고도 전업 작가들은 마치 죄를 지은 듯 웅크리고 살아간다. 그렇다. 죄가 있다면 재주를 타고난 죄일 것이며 죄가 있다면 시대를 잘못 선택한 일일 것이다. 그리고 무엇보다도 민족과 조국의 문화유산과 국부國富를 위하여 희생할 자존심을 버리지 못한 죄일 것이다. 이 시대에 전업 작가로 산다는 것은 국가와 민족 앞에 바치는 거룩한 문화적 순교행위에 다름이 아니다.

미술을 죽이는 미술 공모전

두말할 나위도 없이 미술 공모전은 새로운 미술 인재를 발굴하고 양성하기 위하여 시행하는 등용문 가운데 하나다. 조선 미술 전람회(선전), 대한민국미술전람회(국전), 대한민국 미술대전 등 이름만 들어도 그 권위주의적 위상이 느껴지는 이러한 공모전을 통해서 배출된 미술인들이 오늘날 우리 미술계의 주역으로 활동하고 있음 또한 부인할 수 없는 사실이다.

한때는 국가가 주최하였던바 그 최고상은 당연히 대통령상으로 수상자에게는 일시에 권위와 명예가 주어져 모든 미술인에게 꿈의 잔치가 되기도 하였다. 하지만 그 권위와 혜택이 큰 만큼 잡음과 비리 또한 끊이지 않아 지금껏 민간으로 이양해보기도 하고 제도적 개선을 위한 실험 또한 지속해 왔다. 뛰어난 작가의 응모를 겨냥하여 상금을 높인다거나 복수 심사제나 채점심사제 등 심사제도를 바꾸어본다거나 다양한 수단과 방법을 동원하였지만, 오늘날까지도 과거 관전 때의 그 폐해를 극복하였다는 진단을 확보하지 못하고 있다.

지금 우리나라의 미술계는 우선 양적으로 극단적인 풍요를 구가하고 있다. 역사상 가장 많은 미술지망생이 자신의 꿈을 실현하기 위하여 모든 것을 바치고 있다. 대표적인 미술 단체인 대한민국미술협회만 해도 그 회원이 2만 5천 명에 이른다. 물론 수요와 공급의 균형을 잃은 지나치고 기형적인 수치가 아닐 수 없다. 바로 눈앞에 보이는 계산법에만 의존한 대학의 과도한 공급과 정책당국이 합작해 이룬 실패작이겠지만 그럴수록 당연히 자신을 차별화하기 위한 경쟁은 치열해질 수밖에 없는 노릇이다. 그 차별화의 한 방편으로 선택할 수 있는 대안의 하나가 곧 미술 공모전이다.

미술 공모전의 목적은 앞에서도 언급했듯이 재능 있는 미술인의 발굴과 국가적 문화유산의 계승에 있다. 따라서 그것은 또 하나의 수상자를 찾아낸다는 단순 논리가 아닌, 민족문화의 미래지향적 가치 규범의 설정이라는 역사성의 의미가 더욱 크다. 그러기 위해서는 상을 주는 목적과 명분, 그리고 방향성이 분명하여야 하고 또한 그 선정의 공정성이 무엇보다도 투명해야 함은 두말할 나위가 없다. 공모전은 뭐니뭐니해도 권위가 곧 생명이기 때문이다.

하지만 언제부터인가 우리나라에서 열리고 있는 미술 공모전에는 적잖은 잡음들이 함께 따라다니기 시작하였다. 이미 심사위원이 자신의 제자들에게 지나치게 후한 점수를 주었다거나 출품할 작품에 가필하여 상을 받게 하였다는 등의 비난은 관심을 끌지 못한다. 심사위원을 금품으로 매수하여 미리 수상자가 결정된 상태에서 심사하였다거나 주최 측에 압력을 행사하여 상을 받아냈다는 등의 불평들도 이미 분노의 대상이 아니다.

언젠가 어느 전통 있는 공모전에 출품한 한 작가는 이렇게 털어놓은 적이 있다.

"어차피 상을 받고 싶다는 욕심이 있었기에 확률적으로 유리하다는 생각에 비록 출품료는 아까웠지만 두 점씩을 출품했습니다. 그런데 심사 결과발표를 보고는 너무너무 속이 상했습니다. 함께 출품한 사람이 한 사람도 빠짐없이 모두 입선을 한 것이었습니다. 입선작품의 비중이 53%나 되었으니 당연한 결과이겠지만 두 점씩 출품해주면 모두 다 입선시켜주겠다는 사전 약속이 있었다는 후문이고 보면 이 땅의 화가지망생이라는 것이 부끄러워 견딜 수가 없었습니다."

미술 인구의 급증과 함께 공모전 또한 정상적으로 감당하기가 어려울 만큼 양산되고 있다. 왜냐하면, 아무런 명분도 차별성도 없이 오로지 주최자의 개별적 이해득실에 따라 치러지고 있는 대회가 너무 많다 보니 날이 갈수록 독성이 더해가고 있다. 그럴수록 더욱 공정하고 그럴수록 더욱 신뢰성이 있어야 한다. 잘못된 처방전은 언젠가 생명을 위협하기 때문이다.

언제쯤 미술공모전에서 받은 상이 영예롭던 시절로 돌아갈 수 있을까.

귀거래사

“돌아가리라/ 논밭이 장차 황폐해질 터인데 어찌 돌아가지 않으리오./ 지금껏 스스로 마음을 몸의 노예로 삼고/ 어찌 근심하여 홀로 슬퍼했을까./ 지난 일은 뉘우쳐도 소용없고/ 다가올 일만이 바르게 할 수 있음을 알겠다./ 사실 길을 잃고 헤매었으나 아직은 멀리 가지 않았으니/ 지금이 옳고 어제는 틀렸음을 깨달았노라.”

마치 지금 우리의 주변에서 자신의 상황을 개탄하며 새로운 길을 찾으려는 한 귀향자의 자기 다짐 같지만, 이 시는 도연명陶淵明의 「귀거래사」 도입 부분이다. 도연명의 나이 41살 때 마지막 관직을 버리고 고향으로 돌아올 때의 심경을 노래한 것이다.

‘귀거래혜歸去來兮’로 시작되는 제1장은 관리 생활을 떠나 고향으로 돌아가는 심경을 읊었고, 제2장은 집에 도착한 기쁨을 노래했다. 제3장은 고향에서의 생활과 그곳에서 얻은 철학을 담았으며, 제4장은 자유를 누리면서 자연의 섭리에 몸을 맡겨 살아가는 것이 좋겠다는 자신의 모습을 노래하고 있다. 굳이 연대를 따지자면 도연명이 중국 진晉나라 사람이니 1600여년 전에 지어진 것이지만 아직도 우리들의 가슴을 파고드는 효력을 지니고 있다. 어쩌면 그만큼 현대인들도 도회지 생활이 가져다주는 속박과 그에 따른 스트레스를 일부는 막연하게나마 전원생활에 대한 동경으로 풀고 있다는 방증인지도 모르겠다.

물론 〈귀거래사〉에서 우리는 크게 두 가지 생각의 갈래를 나누어 볼 수 있다. 우선 하나는 불과 마흔한 살의 나이에 관직을 박차고 나올 수 있는 용기일 것이다. 잘 못 걸어온 지난날을 비추어 보았을 때 이미 도달점은 예견할 수가 있다. 그것이 오류였다면 수정이 불가피하다. 미처 가보지 못한 미래는 언제나 불확실한 상태임에 틀림이 없다. 하지만 가능성 또한 그만큼 큰 것도 사실이다. 잘못된 길인 줄 알면서도 지나온 길이 아까워서 꾸역꾸역 가던 길을 간다는 것은 자신을 버리는 일에 불과하다. 도연명은 비록 41세라는 나이에 불과하고 다가올 미래가 불확실하지만, 과감히 자신의 새로운 길을 선택함으로써 자기 차의 핸들을 자신이 잡았다. 비로소 자신이 머슴이 아니라 자신의 주인이 된 것이다.

그러나 무엇보다도 가장 중요한 대목은 자연에 대한 애정이다. 관직에 몸담은 관리가 황폐화되어가는 농촌에 대해서 염려하고 자신의 진로를 수정한다는 것은 생각처럼 쉽게 이루어지는 일이 아닐 것이다. 하지만 마지막 부분을 보면 도연명은 충분한 마음의 준비가 다져져 있고 이미 천명을 의심하지 않는다.

동쪽 둔덕에 올라 나지막이 노래 부르고
푸른 시내에 앉아 시를 짓는다.
얼마 동안 자연의 조화를 따르다가
마침내 돌아가면 그뿐이지
천명을 즐기면 되는 것을, 다시 무엇을 의심할 것인가?

전원에 살다 보니 가끔 전원생활을 동경해서 기웃대는 사람들이 자꾸만 늘어가고 있다. 더러는 도심이 싫어서거나 주 5일제에 따른 시간활용을 위해서, 혹은 전원생활에 대한 그리움에서, 아니면 재산증식의 방편 등 그 이유도 가지가지다.

하지만 나는 대부분 그들을 말린다. 왜냐하면, 그들에게서 진정으로 자연과 하나가 되겠다는 의지를 찾을 수 없기 때문이다. 자연에 군림하고 자연에게 괴롭힘을 주기 위해서 자연으로 나온다면 그들의 전원생활은 결코 뜻과 같지 못하다. 한 포기의 들풀과 한 마리의 곤충에게 사람과 동등한 권리를 부여할 때만이 그들은 비로소 도연명의 경우처럼 자연에서 살아갈 자격이 주어지기 때문이다.

문화의 달,

문화의 날에

흔히 10월을 문화의 달로 부르고 그중에서도 20일은 문화의 날로 정하고 있다. 물론 이 하루가 '문화'라는 이름의 기념일로 정해진 특별한 탄생의 배경이 있거나 필연성이 있는 것은 아니다. 정부가 문화 창달의 기운 진작과 국민의 문화예술에 대한 이해와 참여도를 높이기 위하여 <문화예술진흥법>에 근거, 방송의 날, 영화의 날, 잡지의 날 등을 통합하면서 붙여진 이름이다.

문화란 인간의 이상이 작용한 모든 활동영역을 가리킨다. 인간의 정신영역이 미친 곳이라면 그것이 어떤 형태로 나타나든 모두가 문화의 범주에 속한다. 말하자면 인간의 이상이 구체적으로 추구하는 보편적 가치 질서인 셈이다.

따라서 역사와 전통이 오랜 나라일수록 문화의 색채와 이미지가 강하고 또 그것은 국가를 지키는 힘의 근원을 이루어 왔다. 식량과 경제력이 한 시대의 힘이라면 총칼과 같은 무기는 한 나라의 힘이 될 것이고 정신을 지배하고 있는 문화란 곧 한 민족의 힘일 것이다. 따라서 식량과 무기를 통한 대비는 가까운 대비가 될 것이고 문화에 대한 투자는 먼 장래를 겨냥한 준비에 불과하다. 결코, 산업과 군사력과 문화의 힘이 별개의 것이 아니다.

문화는 그 속성상 국민 각자의 마음에서부터 일어나는 이상적 가치를 에너지원으로 하고 있다. 빗방울 같은 작은 소망 하나하나가 모여서 계곡이 되고 강이 되고 바다가 되듯이 문화 또한 민중의 소망들이 자연스럽게 결집하여 뿌리내리고 자라서 꽃을 피우는 것이 바람직하다. 너무 지나치게 물길을 돌리거나 이념이나 왜곡에 휘둘려서는 결코 아름다운 꽃을 피울 수가 없다. 꽃과 잎사귀에만 지나치게 매달린 나머지 뿌리를 썩혀서는 안 된다.

국민의 대표기관인 국회에서 공직선거 부정방지법 개정안이 통과되어 자치단체장은 부상을 줄 수 없게 되면서 문화예술계가 크게 술렁이고 있다. 물론 그 파장이 문화계에만 국한된 것은 아니지만 문화가 국가의 미래를 향한 장기 투자라는 점에서 그나마 미약했던 투자환경의 기반을 상당 부분 잃게 된 것이다. 일부에서는 국민의 대변자인 국회의원들이 그나마 명맥만이라도 유지해오던 문화상이나 신인 예술가들의 발굴을 위한 모든 격려, 포상금을 담보로 정치적 도박을 감행했다는 비난의 소리를 내놓기도 한다.

사실 지방자치 시대에 단체장의 차별적 행정 지도력을 통제하고 묶어버리겠다는 생각은 손바닥으로 태양을 가리는 것보다 어리석은 일이다. 세상을 바라보는 시각이 마비되지 않았다면 어떻게 동반자와 경쟁자를 구분하지 못하는 것일까.

어디 그뿐인가. 1990년 우리나라에서 문화부가 신설되고 처음으로 단행한 가장 큰 실수 중에 하나가 한글날을 법정공휴일에서 제외한 일이었다. 1991년, 그때는 그래도 근로일 수 부족이 국가발전의 장애라는 대국민 설득 카드라도 가지고 있었다. 그런데 주5일제 근무를 법으로 관철한 지금은 과연 무슨 명분으로 복원을 꺼리는지 정부의 문화인식의 수준마저 의심하지 않을 수 없다. 문화인들은 머리띠 두르고 시위를 하지 않기 때문인지, 아니면 그럴 만한 가치가 부족해서인지 혼돈이 가라앉지 않는다.

물론 문화의 경쟁력이란 결코 단시일에 이루어지지는 않는다. 오백년, 아니 천년을 내다볼 줄 알아야 한다. 정치적 이용이나 독단, 그리고 경제 논리로는 국가의 미래를 열어갈 수가 없다.

「우리의 富力은 생활을 풍족히 할 만하고 우리의 强力은 남의 침략을 막을 만하면 족하다. 오직 한없이 가지고 싶은 것은 높은 문화의 힘이다.」

다시 한 번 백범 선생의 말씀이 더욱 절실한 문화의 날을 맞는다.

인간의 조건

세계적인 유대인 여성 철학자 한나 아렌트(1906-1975)는 그의 저서『인간의 조건』에서 과학의 시대로 요약되는 근대문명은 "가능한 모든 것을 실현하고자 하는 인간의 노력이 결국 인간실존의 가능성마저 파괴할 수도 있다"라고 지적하고 인간에게 부과된 본성 회복을 권유한 바 있다.

그는 인간실존의 세 가지 조건으로 '생명'과 '세계성' 그리고 '다원성'을 제시하고 무엇보다도 이러한 조건들의 근원이 되는 '지구'를 가장 핵심적인 인간 조건이라고 정의하였다. 따라서 인간실존의 근간을 위험하게 만들 수 있는 과학과 기술의 무차별적 확산에 대해서도 경계를 분명히 하였다. 그에 따르면 과학은 인간을 자연적 속박으로부터 해방해 인간에 의해 완전히 통제될 수 있는 인공세계를 구축하려는 경향이 있는데, 불가능한 것을 가능하게 만들고자 하는 경도된 의식체제가 곧 기술시대의 근본악이라는 것이다.

사실 지금 우리는 일상 속에서 불과 몇 년 전만 하더라도 상상하기 어려웠던 첨단 문명의 이기를 만끽하며 살고 있다. 어쩌면 아날로그시대에서 디지털시대로의 혁명적인 변화 속에서 자칫 과거를 미개한 역사로 이해하는데 길들고 있는 것인지도 모른다. 하루가 다른 생명 복제기술이나 반도체를 통한 기억장치의 개발, 내시경을 통한 의료시술 등 직립형의 개발모델에 대한 환상에서 깨어나는 일은 그러나 결코 쉬운 일이 아니다.

그러니 더 감각적인 말초신경의 지배를 기대하게 되고 보다 물량적 빈곤으로부터 자신을 보호받게 되기를 갈망하게 되었다. 더욱더 경제적 가치를 숭배하게 되고 더욱더 권위적 지배력을 확보하고자 하는 원초적 욕망으로부터 자유롭지 못한 삶을 살아가게 되었다.

당연히 심리적으로 쫓기게 되고 순서를 기다리는 것 자체를 불안하게 느끼는 사람이 늘어나게 되었다. 역심逆心은 차라리 다행이고 남의 예술적 업적이나 학문적 성과마저 훔치는 일이 빈번하게 되었다. 게다가 소위 브로커라는 자들까지 기생하여 분야마다 바이러스처럼 증식시켜 우리는 오히려 내성을 키우기에 급급하다.

우리는 언제부터인가 자신의 역할이나 자기의 직분을 망각하고 때와 장소를 가리지 않고 자기 이익 챙기기에 급급해하는 사람을 일컬어 얌체라거나 철새라며 일정한 격리를 꾀하고 있다. 이때 철새라는 의미 속에 철새를 비하할 의도가 담겨 있지 않음은 물론이다. 철새야 원래 정해진 경계영역이나 의무가 없으므로 어떤 경우에도 유죄가 성립될 수 없겠지만 사람의 경우 '철새'라는 비유는 치명적인 폄하貶下가 담기게 된다.

정치적 철새, 예술적 철새, 학문적 철새에 이르기까지 인간에게 주어진 최소한의 의무나 도덕을 저버렸다는 뜻이므로 실은 '인간이 아니다'라는 극언이 아닐 수 없다. 인간에게 인간이 아니라는 말은 도덕적 사형선고와 다름이 없다.

그렇다면 경제적으로나 문화적으로나 어느 하나 과거와는 비교할 수 없을 만큼 풍요를 누리면서도 오히려 더욱 쫓기고 지치고 힘들어하는 원인은 어디서 기인하는 것일까. 아마도 한나 아렌트의 지적처럼 인간의 존엄성을 무시한 물질문명의 후유증 탓이리라. '인간다운 인간'이 그리운 탓이리라. 누가 소인은 상대를 쓰러뜨리는 법을 잘 알고, 대인은 상대를 일으켜 세우는 법을 잘 안다고 그랬던가.

이제 우주 질서의 명령대로 또다시 철새가 돌아오는 계절이다. 어디까지가 인간의 한계이며 무엇이 인간의 조건인지 다시 한 번 돌이켜 생각해봐야만 하겠다.

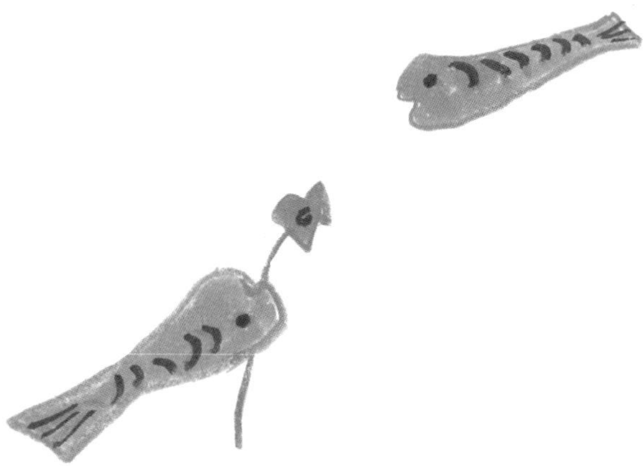

사랑하는 딸에게

또 한 해가 저물고 있구나. 생애의 일 년을 정리하는 결산의 시간 앞에 서서 어떤 이는 한 해가 축복이었다고 기뻐할 것이고 어떤 이는 악몽 같은 날들이었다고 슬퍼할 시간이구나. 그래, 너는 어떤 한해였니? 새로운 출발을 택한 너에게는 아마도 더욱 소중한 한해였겠지.

물론 누구에게든 새해 벽두의 계획이 뜻대로 이루어진 경우는 그만한 이유가 있었을 것이고 받아들이기 어려운 결과로 낙담하는 경우 또한 그 나름의 까닭이 있었을 것이다. 세상일은 있는 힘을 다해 뛰기만 한다고 반드시 수상의 영예가 보장되는 것도 아니고 수확이 부족하다고 반드시 불행한 것만도 아니란다. 어느 경우든 수정이 필요하고 보완이 뒤따라야 하는 이치니, 지금이 바로 그 헤아림의 시간이라고 할 수 있겠지.

하지만 대부분의 사람은 지금쯤 너도나도 송년 모임에 불려 다니느라 제대로 된 결산의 기회마저 얻어보지 못한 채 소중한 생애의 일 년을 반납하기가 십상이니 너도 참고하거라. 억울한 사람은 억울한 심사를 달래기 위하여 한잔할 것이고 즐거운 사람은 그 즐거움을 나누기 위하여 한잔할 것이다. 어느 경우이든 나무랄 일이 아닐 테지만 중요한 것은 많은 사람이 그 한잔으로 자신이 처한 상황과 맞바꾸는 면죄부로 활용한다는 것이다.

여기서 우리가 고려해야 할 부분은 한 해에 대한 정리가 삶에 대한 종합 결산이 아니라 중간 점검이라는 점이다. 중간 점검은 목적지를 이탈하지 못하도록 궤도를 수정하고 부족한 에너지를 보충하는 기회가 아니겠니. 더욱이 지금이 마지막이 아니라 또 다른 한 해의 시작임을 전제한다면 그에 상응한 진단과 처방은 필수적이지. 다시 일 년, 장거리를 사고 없이 주행할 수 있는 기름을 보충해야 하고 타이어도 교환해야 할 것이다. 냉각수도 보충해야 하고 전조등도 손질해야 한다. 아무리 성능이 좋은 자동차라 할지라도 기름이 없으면 움직이지 않는다. 아무리 돈이 많아도 쌀로 바꾸어야 배불리 밥을 먹을 수 있다. 모든 것이 세상을 준비하는 마음의 자세에 있고 정신의 힘에 있음을 알아야 한다.

그러기에 성공한 사람들에게는 그만한 까닭이 있단다. 또한, 그들의 공통점은 대부분이 일생을 통해 성공을 거듭한다는 사실이다. 그런데 좀 더 자세히 관찰해보면 그들이 그렇게 거듭 성공을 이끌 수 있었던 데에는 그들만의 이유가 있다. 그것은 자기가 원하는 일에 집중하는 목표 지향성의 능력 때문이다. 일단 목표를 세우면 집중적으로 준비하여 다른 사람들이 미처 파악하지 못한 기회들을 자신의 것으로 만들어 버리는 것이 그네들의 장점이지.

사실 인간의 능력은 서로가 엇비슷하단다. 다만 어떻게 그것에 집중하느냐에 따라 판이한 결과를 불러오기 마련이다. 거의 모든 사람이 평생을 통해 뇌 기능의 10~15%밖에 활용하지 못한다고 한다. 그러나 성공한 사람들의 경우는 80~100%의 능력을 발휘하기 때문에 자신이 정한 목적지까지 무사히 당도할 수 있는 것이다.

물론 상식과 보편적인 가치는 존중되어야 마땅하다. 그렇다고 해서 무조건 그 껍데기만 닦고 앉았으면 내부가 녹 쓸고 삭아서 문드러진다. 쓰임이 없는 육법전서는 무슨 의미이며 굴러가지 않는 벤츠 자동차는 또한 무슨 소용이랴. 법전은 지혜로운 재판관을 만나야 그 존엄성이 빛나고 자동차는 모범운전사를 만나야 제값을 다하게 된다.

물론 모든 일을 훌륭히 대처하고 있겠지만 지금 너에게 필요한 것도 값비싼 명차가 아니라 능숙한 기능과 도덕적 자질이 우수한 운전능력일 것이다. 운전능력은 결코 마음만으로 길러지는 것이 아니란다. 처음부터 위험부담이 없는 도로 주행은 상상할 수가 없는 것이다. 분명한 것은 미래에 대한 창의적 접근과 새로운 적응이 저절로 이루어지는 것이 아니라는 점일 것이다. 내년 이맘때쯤엔 초보 딱지를 뗀 너의 또 다른 모습이 보고 싶구나.

민/병/도

영남대학교 미술대학 및 대학원 졸업
1976년 한국일보 신춘문예 당선

시조집 『장국밥-시조선집』, 『칼의 노래』, 『바람의 길』, 『만파식적-시조선집』, 『부록의 시간』, 『노을이 긴 팔을 뻗어-동시조집』 등, 번역시조집 『청동물고기』(日譯), 『한때, 꽃』(中譯) 발간
수필집 『고독에의 초대』, 『꽃은 꽃을 버려서 열매를 얻는다』
시조평론집 『형식의 해방공간』, 『닦을수록 눈부신 3장의 미학』, 『비정형非定型의 정형화定型化』, 『시조, 정형성에 대한 새로운 이해』

제1회 한국시조작품상, 정운(이영도)시조문학상, 제1회 대구시조문학상, 중앙시조대상, 제1회 월간문학 〈동리상〉, 가람시조문학상, 한국문학상, 금복문화상(문학), 김상옥시조문학상, 외솔시조문학상 수상

지금까지 26회의 미술작품 개인전을 가졌고 한국미술협회 부이사장, 대구미술협회 회장, 한국문인협회 시조분과회장, 한국시조시인협회 이사장, 대구시조시인협회장 등을 지냈다.

현재 (사)국제시조협회 이사장, 계간 《시조21》 발행인, 이호우 · 이영도시조문학상 운영위원장으로 일하며 시 쓰는 일과 그림 그리는 일을 하고 있다.

E-mail · mbdo@daum.net